ROWOHLT
BERLIN

Peter Schneider

«Und wenn wir nur eine Stunde gewinnen …»

Wie ein jüdischer Musiker
die Nazi-Jahre überlebte

Rowohlt · Berlin

Fotos im Tafelteil
Foto 14: Tatjana Gsovsky,
Copyright © Deutsches Theatermuseum / Archiv Ilse Buhs;
Foto 15: Harald Poelchau,
Ullstein Bilderdienst;
Foto 17: Anne-Lise Harich und Tochter Gisela,
Copyright © Gisela Wittkowski;
Foto 22: Ellen und Konrad Latte,
Copyright © Sybille Bergemann / Ostkreuz

1. Auflage März 2001
Copyright © 2001 by
Rowohlt · Berlin Verlag GmbH, Berlin
Alle Rechte vorbehalten
Umschlaggestaltung any.way,
Barbara Hanke / Cordula Schmidt
Satz Sabon PostScript PageOne
Gesamtherstellung Clausen & Bosse, Leck
Printed in Germany
ISBN 3 87134 431 1

Die Schreibweise entspricht
den Regeln der neuen Rechtschreibung.

«Und wenn wir nur eine Stunde gewinnen ...»

Auf einem Bauernhof in Ernsbach in der Nähe von Michelstadt, einem wunderschönen, mittelalterlichen Städtchen
im Odenwald, nahm der Bauer Heinrich List einen jüdischen
Jungen namens Ferdinand Strauß auf. Irgendwie war es
diesem Jungen gelungen, der Deportation, der alle seine Verwandten zum Opfer fielen, zu entgehen. Der Junge war
nun allein auf der Welt. Der Bauer war ein anständiger Mann.
Aber eine Nachbarin denunzierte ihn, Heinrich List kam in
ein KZ. Ich denke, es war Dachau. Er kam dort um. Seiner Frau
Maria List gaben die Nachbarn zu verstehen, dass sie sich
der Hilfsbereitschaft ihres Mannes schämen sollte. Es gab
kaum jemanden, der der Witwe Sympathie oder auch nur
Mitgefühl zeigte. Auch nach dem Kriege ließ niemand die
Nachbarin, die Heinrich List denunziert hatte, spüren, dass
sie etwas falsch gemacht hatte. Die Witwe lebte ihr isoliertes
Leben weiter, ohne dass irgendjemand das Opfer ihres
Mannes gewürdigt hatte. Ungefähr vierzig Jahre später ha-
ben drei Lehrer aus dem Gymnasium Michelstadt die Ge-
schichte nachgeforscht und an die israelische Gedenkstätte
Yad Vashem überreicht. Die Gedenkstätte wollte Heinrich
List und seine Frau mit dem Pflanzen eines Baums und dem
Orden «Für die Gerechten der Völker» ehren. Aber Frau
List weigerte sich; denn die Nachbarin lebte immer noch. Erst
als sie gestorben war, war Frau List bereit, die Ehrung an-
zunehmen. Die Einwohnerschaft Ernsbachs kannte die ganze

Geschichte. Sie wusste von dem Opfer, das Herr List gebracht hatte. Wo blieb die Anerkennung und der Respekt der Gemeinschaft – nicht nur der Nachbarn, sondern auch der Nation, die doch allen Grund gehabt hätte, auf diesen Bürger stolz zu sein? Es gibt bestimmt keine totale, alle Deutschen betreffende Schuld. Aber es gab viele, die sich mitschuldig gemacht haben.

Ruth L. David am 17. August 2000 in einem Brief zu einer
Veröffentlichung des Autors in der *New York Times* *

* Sämtliche Quellennachweise finden sich im Anhang des Buches

Die Schwierigkeit mit den «gerechten Deutschen»

Das erste Buch Moses erzählt von einer denkwürdigen Verhandlung zwischen Abraham und Gott. Der HERR will die abtrünnigen und verdorbenen Städte Sodom und Gomorra vernichten, Abraham versucht, ihn von diesem Vorhaben abzubringen. Es könnten etwa fünfzig Gerechte in der Stadt Sodom leben, gibt Abraham zu bedenken, du wirst sie doch nicht etwa zusammen mit den Gottlosen töten wollen? Der HERR ist von Abrahams Argument beeindruckt: Wenn es fünfzig sind, so will ich um ihretwillen dem ganzen Ort vergeben! Aber plötzlich wird Abraham von Zweifeln heimgesucht, ob er wirklich fünfzig Gerechte wird vorzeigen können. Und wenn es fünf weniger sind, fragt er. Der HERR ist nicht kleinlich: Auch wenn es nur fünfundvierzig sind, wird er auf das Strafgericht verzichten. Aber Abraham kommen abermals Zweifel: Und wenn es nur vierzig sind? Es gelingt Abraham, den HERRN immer weiter herunterzuhandeln, von vierzig auf dreißig, von dreißig auf zwanzig – bei zehn wird der HERR des Feilschens überdrüssig und bricht die Verhandlung ab. Er schickt zwei Engel nach Sodom, die die Einwohnerschaft prüfen und die Zahl der Gerechten feststellen sollen. Es zeigt sich, dass es nur einen einzigen Gerechten in der Stadt

9

gibt. Der HERR wartet bis Sonnenaufgang, bis die Engel diesen einen mit seiner Familie in die Stadt Zoar geleitet haben. Dann lässt er Schwefel und Feuer regnen vom Himmel herab auf Sodom und Gomorra.

Unter den Denkmälern, die an die Geschichte der Verfolgung und Vernichtung der Berliner Juden erinnern, vermisst man eines, das jene gar nicht so wenigen Berliner würdigt, die den Verfolgten geholfen, sie bei sich versteckt und sie gerettet haben. Zwischen fünf- und zehntausend deutsche Juden, schätzen Historiker, haben sich für den Weg in den Untergrund entschieden, etwa die Hälfte davon in Berlin. Etwa zweitausend von ihnen haben den Nazi-Terror in Berlin überlebt. Aber auch diejenigen Untergetauchten, die verraten, entdeckt und gefasst wurden, hätten den Versuch nicht wagen können, hätten sie nicht auf Freunde und Bekannte zählen können. «Jene tapferen Menschen», schreibt Inge Deutschkron, selbst eine Überlebende, «die bis zu deren Verhaftung ihren jüdischen Schützlingen geholfen hatten, werden unerkannt bleiben. Daher wird es nie möglich sein, die Zahl derjenigen auch nur annähernd zu ermessen, die zur Rettung von Juden ... bereit gewesen sind.»

Zweitausend Überlebende – im Verhältnis zur Zahl der Vertriebenen und Ermordeten ist das eine entsetzlich kleine Zahl. Von den circa hundertsiebzigtausend jüdischen Bürgern Berlins konnte sich etwa die Hälfte ins Ausland retten, die anderen endeten in den Vernichtungslagern. Wenn man jedoch berücksichtigt, wie oft die Versteckten ihr Quartier wechseln und wie viele Helfer sie in Anspruch nehmen mussten, ergibt sich ein differenzierteres Bild. Kaum einer der Untergetauchten konnte in e i n e m Versteck und bei einem Helfer bleiben. Die meisten sahen sich, oft von einer Minute zur nächsten, gezwungen, den Ort zu wechseln und sich anderen Helfern anzuvertrauen. «Ein Verbleiben über einen Monat hinaus musste auffallen. Außerdem fielen Unterschlupfmöglichkeiten vielfach Bombenangriffen zum Opfer.»

Zu den Quartiernöten kam die tägliche Sorge um Lebensmittel, Kleidung, behelfsmäßige Ausweise; auch diese Dinge waren ohne die Hilfe einer Vielzahl von Unterstützern nicht zu haben. Wolfgang Benz und Beate Kosmala, die am Institut für Antisemitismus-Forschung in Berlin derzeit eine Datei über «Rettungsaktionen für jüdische Bürger» erstellen, gehen von der folgenden Faustregel aus: Um einen Juden zu retten, waren mindestens sieben Unterstützer nötig. Diese Schätzung erscheint eher vorsichtig. Der Studienassessor Ludwig Collm, der im Oktober 1942 mit seiner Frau Steffy und der sechsjährigen Tochter Susi in Berlin untertauchte, zählt achtzehn Adressen auf. Inge Deutschkron und ihre Mutter mussten zwanzigmal das Quartier wechseln, der Musiker Konrad Latte macht fünfzig Helfer namhaft.

Wie viele Berliner insgesamt den Anstand und den Mut aufbrachten, ihre jüdischen Mitbürger vor den Nazi-Häschern zu schützen, wird man nie genau erfahren – zehntausend? zwanzigtausend? Aber man muss das auch nicht wissen, um dieser keineswegs repräsentativen, aber bewundernswerten Minderheit Achtung zu erweisen.

Knapp dreihundert von ihnen sind mit dem israelischen Orden «Für die Gerechten der Völker» geehrt worden. In der Stadt, in der sie wirkten, sind sie weitgehend unbekannt geblieben. Ein seltsames, im Alten Testament nicht erwähntes Szenario tut sich auf. Wie würde der Gott Abrahams mit einer Stadt verfahren, die ihre Gerechten gar nicht kennt?

Nicht, dass es an historischen Studien, Biographien, Fachveröffentlichungen fehlte. Aber bis zu Spielbergs Film «Schindlers Liste» sind die Geschichten der Helfer – allen Anstrengungen der Geretteten zum Trotz – nicht ins Bewusstsein einer breiteren deutschen Öffentlichkeit vorgedrungen. Daran hat sich bis heute nur wenig geändert. Von Daniel Goldhagens Buch über Hitlers freiwillige Schergen sind in Deutschland viele hunderttausend Exemplare verkauft worden. Das kürzlich erschienene, glänzend recherchierte Buch «Widerstand des Herzens» von Nathan Stoltzfus über die Frauen in der Rosenstraße, die im Frühjahr 1943 nach tagelangen Protestdemonstrationen ihre bereits verhafteten jüdischen Ehemänner befreien konnten, wurde kaum besprochen und liegt wie Blei in den Regalen. Es ist, als wollte das deutsche Publikum nur von den Tätern etwas wissen und habe für die wenigen, die Juden geholfen haben, nur ein Achselzucken übrig: Es hat uns fünfzig Jahre gekostet, zu begreifen, dass wir zum Volk der Täter gehören. Man verwirre uns jetzt bitte nicht mit Geschichten über irgendwelche anständigen Deutschen!

Das Ergebnis ist, dass jeder Fünfzehnjährige in Deutschland über Hitler, Goebbels, Eichmann oder Mengele mehr weiß als etwa über den Gefängnispfarrer Harald Poelchau der Gefängnisse Tegel und Plötzensee, der über Dutzende von Verfolgten seine Hand gehalten hat. Wie ist diese Nichtbeachtung zu erklären? Sind die Mörder interessanter und – im Zeitalter des «Infotainment» – schlicht und einfach besser verkäuflich als die Retter?

Es gibt durchaus seriöse und auf den ersten Blick zwingende Gründe für die Einseitigkeit des Interesses. Angesichts der ungeheuerlichen Dimension des Verbrechens an den Juden erscheint die Zahl der Geretteten verschwindend. Nach der jahrzehntelang betriebenen Verleugnung und Verharmlosung der deutschen Schuld war es vordringlich, die Täter zu überführen und zur Rechenschaft zu ziehen. Wer sich um eine Würdigung der wenigen bemühte, die sich dem Verbrechen in den Weg stellten, musste fast automatisch in den Verdacht geraten, eine Vertuschung oder Reinwaschung der Vergangenheit zu betreiben – ganz in der Tradition jener berüchtigten Nachkriegsformel: «Mein bester Freund war ein Jude.» Billy Wilder erzählt in seiner Biographie, wie sich sein Freund Gottfried Reinhardt bei seiner Rückkehr als amerikanischer Soldat über dieses Nachkriegsalibi lustig gemacht hat. Die Deutschen, die Reinhardt damals ihre Betroffenheit über die «Endlösung» versicherten, schockierte er mit dem Satz: «Offensichtlich gab es zu viele Juden hier!» – «Zu viele Juden? Wie meinen Sie denn das, Herr Reinhardt?» – «Jeder Deutsche, den ich treffe, hat zwei Juden gerettet. Die Deutschen waren ein Volk von 80 Millionen Menschen. Wenn jeder zwei Juden gerettet hat, muss es etwa 160 Millionen Juden gegeben haben. Und Sie werden mir zugeben müssen: Das ist einfach zu viel!»

Hinter der Phalanx der falschen Retter und «Judenfreunde» sind die wenigen, die wirklich geholfen haben, fast unsichtbar geblieben. Schon weil sie mit den vielen Lügnern nicht wetteifern wollten, zogen sie es vor, im Schatten zu bleiben.

Aber die These, eine Würdigung der «stillen Helden» (Inge Deutschkron) könne sich zum Kleinreden der deutschen Schuld missbrauchen lassen, hält näherer Betrachtung nicht stand. In Wirklichkeit macht das Beispiel dieser wenigen die Schuld der Mitläufer, Denunzianten und passiven Zuschauer nicht etwa kleiner, sie vergrößert sie. Denn es widerlegt den Rechtfertigungsmythos der Kriegsgeneration, der Terrorapparat der Nazis sei so perfekt gewesen, dass jenseits des Gehorsams keine Option übrig blieb – es sei denn, man war bereit, sein Leben zu opfern. Über die Hitler-Attentäter und die Männer des 20. Juli sind ganze Bibliotheken voll geschrieben worden, ein deutscher Feiertag ist nach ihnen benannt – wohl auch deswegen, weil ihr Schicksal das Versagen der deutschen Zivilgesellschaft zu erklären schien: Da seht ihr es! Wer sich widersetzte, wurde gehenkt oder an die Wand gestellt!

Die Geschichten der Helfer sprechen gegen diese Interpretation. Sie zeigen, dass die Alternative zwischen willfährigem Gehorsam und todesbereitem Widerstand viel zu grob ist. Offensichtlich konnte man eben doch etwas tun, ohne gleich sein Leben zu riskieren. Eben aus diesem Grund bedroht das Beispiel dieser «anderen Deutschen» das Selbstbild der Mitläufer viel nachhaltiger als die Geschichte der Widerstandskämpfer und Attentäter, die bewusst ihr Leben im Kampf gegen Hitler aufs Spiel setzten und verloren. Heldentum kann man nicht verlangen. Einem Verfolgten und Geächteten ein Stück Brot zustecken, ihn bei sich übernachten lassen, ihm eine nächste Unterkunft besorgen, dazu brauchte es Anstand, List und Courage, aber nicht gleich Todesbereitschaft. Selbst winzige, scheinbar sinnlose zivile Gesten wie jene, die Ursula von Kardorff in ihren *Berliner Aufzeichnungen 1942–1945* festgehalten hat, erzeugten einen sekundenlangen Kurzschluss im System des Rassenwahns und bedeuteten für die Verfolgten einen Augenblick zurückgewonnener Menschenwürde: «Ich glaube, das Volk verhält sich anständiger als die sogenannten Gebildeten oder Halbgebildeten. Typisch dafür ist die Geschichte von dem Arbeiter, der in einer Trambahn einer Jüdin mit dem Stern Platz machte: ‹Setz dir hin, olle Sternschnuppe›, sagte er, und als ein PG (Parteigenosse) sich darüber beschwerte, fuhr er ihn nur an: «Üba meenen Arsch verfüje ick alleene.›»

So bringt die Geschichte der Anständigen eine Störung in das Bild vom Alltag unterm Hakenkreuz. Mit Daniel Goldhagens verführerischem Angebot an die jungen Deutschen: Gebt mir eure Großväter (die meisten von ihnen waren von einem auf Ausrottung zielenden Antisemitismus bewegte potenzielle Mörder!), dafür gebe ich euch die Unschuld, weil ihr jung und in einer pluralistischen Demokratie aufgewachsen seid! – kann die Geschichte, die hier erzählt wird, nicht konkurrieren. Denn sie zeigt, dass niemand durch bloße Zugehörigkeit zu einer Generation schuldig oder unschuldig ist. Selbst in den Jahren schlimmsten staatlichen Terrors gab es Raum für eine Wahl, und es gab Bürger, die ihren Freiraum nutzten.

Schweigen oder erzählen?

Als ich Konrad und Ellen Latte zum ersten Mal in ihrem Haus in Berlin-Wannsee besuchte, war ich von der Umgebung, in der sie lebten, überrascht. Nichts deutete darauf hin, dass diese beiden ein radikal anderes Leben hinter sich hatten als die Nachbarn, die hier ihre Einfamilienhäuser oder Bungalows gebaut hatten. Nachdem ich die Klingel zur Einfahrt gedrückt hatte, öffnete sich eine elektronisch gesteuerte Gittertür. Vor dem Haus hieß mich eine Frau mit weißem Haar willkommen, etwas hinter ihr, in der Eingangstür des Bungalows, stand ihr Mann. Sobald wir am Teetisch saßen, entfaltete Konrad Latte den Charme und die Spottlust eines Künstlers. Er sprach schnell, manchmal flüchtig, als lege er keinen besonderen Wert darauf, verstanden zu werden. Aber wenn man genau zuhörte, war man gefangen, ja bezaubert von der Frische und dem Witz seiner Formulierungen, von der Lebendigkeit seiner Augen.

Wenn ein achtzigjähriger Mann seine Lebensgeschichte erzählt, darf man annehmen, dass er dies schon oft getan hat. Besonders dann, wenn es sich um einen Erzähler wie Konrad Latte handelt, der detailgenau und mit sichtlicher Lust am Pointieren zu sprechen weiß. Tatsächlich aber hat

Konrad Latte seine Geschichte jahrzehntelang weitgehend für sich behalten. Und auch jetzt, da er sich entschlossen hatte, sie preiszugeben, war es manchmal, als werde er vom Gewicht des Erlebten immer noch erdrückt. Es dauerte eine Weile, bis ich begriff, dass der Achtzigjährige auf den jungen Konrad, von dessen schier unglaublichem Überlebenskampf er berichtete, durchaus nicht stolz war. Womöglich haderte er mit ihm sogar. Da war nichts von nachträglichem Triumph oder auch nur Genugtuung in der Stimme. Er erzählte von den Maskeraden, Notlügen und Verzweiflungstaten des jungen Mannes, der er gewesen war, von den unvorhersehbaren Sprüngen und Wendungen seines Lebens im Berliner Untergrund eher mit Trauer und mit Schmerz. Hier sprach einer, dem an nachträglichem Beifall für seinen erfolgreichen Kampf nichts gelegen war. Fast schien es, als habe er sich immer noch nicht damit abgefunden, dass er überlebt hatte.

Auf die Frage nach dem Grund seines langen Schweigens über seine Odyssee im Untergrund fällt es dem Achtzigjährigen nicht leicht, zu antworten. «Der Preis fürs Überleben ist, dass man keine Stunde im Leben hat, in der man nicht auf irgendeine Weise an den Holocaust erinnert wird.»

1945, als es vorbei war, habe er jede zweite Nacht Szenen aus der Zeit seiner Verfolgung nachgeträumt, er sei nicht davon losgekommen, zumal er lange Zeit nicht wusste, was mit seinen Eltern geschehen war. Die Erinnerung an die Jahre in der Illegalität habe er in den ersten Jahren nach dem Krieg nur mit dem Gedanken an Selbstmord ertragen. Das Gefühl eines schrecklichen Scheiterns sei übermächtig gewesen. Denn er habe nur sich selbst retten können, nicht aber seine Eltern. Das Gefühl der Scham, ja einer Schuld gegenüber seinen Eltern habe ihn nie verlassen.

Konrad Latte ging zu einem Psychiater, um sich seine Pein von der Seele zu reden. Der Arzt hatte vom Schicksal deutscher Juden in der Nazi-Zeit keinerlei Vorstellung; immerhin hörte er seinem Patienten geduldig zu. Dass ein Überlebender wie Konrad schwere Depressionen und Schuldgefühle entwickelte, weil er überlebt hatte, blieb dem Arzt ein Rätsel – diese «Reaktion» war damals nicht bekannt, geschweige denn benannt und erforscht.

Nach einiger Zeit kehrte Konrad der Arztpraxis den Rücken. «Ich hatte das Gefühl, ich bezahle dem viel Geld dafür, dass er eine spannende Stunde hat.» Seine Erfahrungen hielt er vor der Außenwelt verschlossen. Auch seiner Tochter hat er erst spät von seinem Schicksal erzählt. Wann genau und mit welchen Worten, fragt der Achtzigjährige, kann ein Vater seinen Kindern erklären, dass ihre Großeltern in Auschwitz ermordet worden sind, und ihrem Vater das gleiche Schicksal bestimmt gewesen ist?

Eines Tages, am 9. November 1958, kam die damals dreizehnjährige Gabriele nach Hause und fragte, ob es wirklich wahr sei, dass es in Deutschland keine Juden mehr gebe. Sie hatte in der Schule zum ersten Mal von dem millionenfachen Mord gehört. Da brach Konrad sein Schweigen und erklärte seiner Tochter: «Hier vor dir steht einer.» Aber in die Einzelheiten seiner Geschichte hat er seine Tochter auch damals nicht eingeweiht; sie schien ihm dafür zu jung.

Im Keller des Hauses stand eine Kommode voller Briefe und Dokumente. Diesen ganzen Wust müsse man einmal durchgehen, sagten Ellen und Konrad Latte gelegentlich zueinander. Jahrzehntelang blieb das Möbel unberührt. Als sie längst erwachsen war, öffnete Gabriele den Deckel. Etwa zwei Jahre lang war sie mit dem Sichten, Ordnen und

Verzeichnen der Familienpapiere beschäftigt. Die Zeit freilich, die sie dazu brauchte, um zu begreifen, was ihrem Vater und seiner Familie geschehen war, lässt sich nicht in Kalenderjahren messen.

«Arier, melden!»

Auf ein Leben in der Illegalität mit seinem Zwang zu Täuschungsmanövern und blitzschnellen Entschlüssen war der junge Konrad in keiner Weise vorbereitet. Er war alles andere als ein Draufgänger. Seine Mutter äußerte in den Briefen an ihre Freundin Raja immer wieder Sorgen über Konrads ewig schwankende Gesundheit und sein träumerisches, «überweiches Wesen». Karin Friedrich, eine Zeugin der Berliner Jahre, beschreibt den Zwanzigjährigen in ihren Erinnerungen *Zeitfunken* als «sehr höflich, sehr scheu. Mit verwirrend schönen, umschatteten blauen Augen.»

Konrad wuchs in einer Breslauer Familie auf, in der viel gelesen und musiziert wurde. Seine Mutter Margarete führte ein offenes, bürgerliches Haus, in dem eine Köchin, ein Stubenmädchen und ein Kindermädchen für das Wohl der Familie und der Gäste sorgten. Sein Vater Manfred, ein Jurist, leitete ein Textilunternehmen, hatte als Freiwilliger am Ersten Weltkrieg teilgenommen und fühlte sich durch und durch als Deutscher. Die Sonntage, erinnert sich Konrad, waren nicht nur arbeitsfreie Tage, sie hatten etwas Festliches. Konrad spielte Klavier, seine Schwester Gabi Geige, Vater Manfred verstand sich auf beide Instrumente. Gemeinsam sang man Lieder von Schubert, Schumann,

Brahms und Hugo Wolf; gemeinsam las man deutsche Klassiker, auch Wölfflin, Thomas Mann, Rilke und gelegentlich die Bibel. Oder der Vater begleitete ‹Onkel› Ernst, einen ständigen Gast im Haus der Lattes, zur Geige, und Konrad blätterte die Noten um. ‹Onkel› Ernst, Kustos eines Breslauer Museums und Autor einer Monographie über einen unbekannten Meister des schlesischen Kirchenbarock, war ein großer Anreger und Charmeur, ein Liebling der Frauen und der Kinder. Er war bekannt dafür, dass er sich auf seine sonntäglichen Auftritte im Familienkreis sorgfältig vorbereitete. Stundenlang konnte der Junggeselle am Tisch der bildungshungrigen Familie über Gott und die Welt extemporieren und wurde zum Lohn dafür von den Damen des Hauses bekocht und umhegt. Auch seinen Nachmittagsschlaf pflegte er im Haus der Lattes abzuhalten.

Häufig kam auch Gabis schöne und umschwärmte Freundin Anita, Tochter des bekannten Breslauer Rechtsanwalts Dr. Alfons Lasker, mit ihrem Cello zum Triospiel. Die Regie in dem musik- und literaturbegeisterten Haus führte jedoch Konrads Mutter; sie hielt den Freundeskreis zusammen, entwarf das Kulturprogramm für die Sonntage, bestimmte die Titel, aus denen gelesen wurde – oft und ausgiebig zitierte sie Goethe und Rilke in den langen Briefen an ihre Freundin Raja. Konrads Belesenheit und sein Faible für die Literatur ist sicher auf den Einfluss der Mutter zurückzuführen – bis heute kann er ganze Seiten aus den Werken seiner Lieblingsschriftsteller auswendig, und es macht ihm Spaß, das eine oder andere «geflügelte Wort» in seine Rede einzuflechten.

Das kulturelle Inventar des Hauses – Instrumente, Bücher, Noten – hat die Familie gegen die Zugriffe der Nazi-

Barbaren bis zuletzt hartnäckig verteidigt. Als ihre Wohnung beschlagnahmt wurde und sie dreimal umziehen mussten, nahmen die Lattes diese Insignien einer bürgerlichen Bildung mit; und so wie sie machten es die meisten ihrer jüdischen Freunde, als sie aus ihren Häusern und Wohnungen vertrieben wurden. Am Ende, als den Ausgestoßenen nur noch das Gepäck blieb, das sie zur Sammelstelle mitnehmen durften, übergaben sie diese Schätze «arischen» Freunden zur Aufbewahrung – den so genannten «Aufbewahriern». Es war, als wollten sie die deutsche Kultur, die die «Volksgenossen» längst mit Füßen traten, vor der Vernichtung retten.

Dass die Familie jüdisch war und was dieses Beiwort im Dritten Reich bedeutete, erfuhr der junge Konrad nicht von seinen Eltern, sondern – sozusagen aus Versehen – auf dem Breslauer Johannes-Gymnasium.

Der neue Klassenlehrer begrüßte die Fünftklässler mit dem Heil-Hitler-Gruß. Dann fasste er die Schüler scharf ins Auge und kommandierte: «Arier, melden!»

Das Wort «Arier» hatte Konrad nie gehört. Er wusste vage, dass es einen Unterschied zwischen ihm und anderen Kindern gab, ein unsichtbares Merkmal, das mit der Religion seiner Groß- oder Urgroßeltern zusammenhing. In seinem bisherigen Leben hatte diese Besonderheit keine Rolle gespielt. Der neue Lehrer jedoch schien es mit seiner Frage genau darauf abgesehen zu haben. Instinktiv hob Konrad die Hand – in der Meinung, das nie gehörte Fremdwort bezeichne das, was an ihm anders war.

Als er sich umdrehte, sah er, dass fast alle anderen Schüler ebenfalls die Hand gehoben hatten. Einige tuschelten, andere lachten. Erst in diesem Augenblick wurde ihm klar, dass er sich geirrt haben musste. Sein Irrtum wurde ihm prompt als Täuschungsversuch ausgelegt und mit einer schallenden Ohrfeige bestraft. Konrad musste die Schule «der Arier» verlassen und wurde in die jüdische Schule Am Anger 8 verwiesen.

Die «Versetzung» empfand der Elfjährige als eine Strafe. Er trat in eine Welt ein, die er nicht kannte. Seine Eltern, erklärt Konrad, hatten kein Verhältnis zum Judentum. Er und seine Schwester waren nicht anders erzogen worden als andere deutsche Kinder auch. Weihnachten gingen Lattes in die Kirche und sangen Weihnachtslieder, Ostern begab man sich in den gotischen Dom, der berühmt für seine prächtigen Osterfeiern war; anschließend machten die Kinder Jagd auf Ostereier. Auch Konrads Schwester Gabi, die zwei Jahre jünger war, konnte sich mit der Versetzung nicht abfinden. In einem Brief an die Familienfreundin Raja beschwerte sie sich darüber, dass sie nun in eine jüdische Schule und in einen zionistischen Bund gehen müsse, «obwohl ich doch viel lieber Weihnachten feiern möchte und mir der christliche Glaube viel schöner erscheint».

Die jüdischen Feiertage und den jüdischen Kalender kannte Konrad nicht, auch nicht die Regeln über koscheres Essen. Plötzlich sah er Mitschüler, die mit runden Kappen auf den Köpfen in die Schule kamen; zum ersten Mal erhielt er Unterricht in jüdischer Geschichte. Da hörte er denn von jüdischen Schriftgelehrten wie Moses Ben Moimon Maimonides, ‹Rambam› genannt, und dessen dreizehn Prinzipien. Das alles war ihm «weltenfremd», und er fühlte sich von seinen Klassenkameraden auch nicht angenommen. Den rabiaten Wechsel quittierte Konrad mit nahezu vollständigem Versagen und häufigem Fehlen. Außer in den Fächern Deutsch und Musik sanken seine schulischen Leistungen gefährlich ab. In einem Brief beklagt Konrads Mutter dessen «vollendete Gleichgültigkeit allen Zukunftsfragen gegenüber».

Konrad fühlte sich in der ihm zugewiesenen Gemeinschaft nicht wohl, auch nicht, als er mit der jüdischen Geschichte und Kultur vertrauter wurde. Als er von dieser Zugehörigkeit erfuhr, war das Wort Jude bereits ein Brandmal geworden, ein Grund für Ausschluss und für Ausstoßung. Dass es die Nazis waren, die ihm seine jüdische Identität aufzwangen, ihn gewissermaßen erst zum Juden machten, hat sein Verhältnis zum Judentum geprägt.

Jahrzehnte später, als er seine Geschichte im israelischen Fernsehen erzählte, verblüffte Konrad Latte seinen Interviewer mit der Erklärung: «Ich fühle mich nicht als Jude, habe keinerlei Kontakt zur jüdischen Gemeinde, aber auch zu keiner anderen Gemeinde.» Und als der Befrager einwandte: «Aber Sie haben doch das jüdische Schicksal in seiner furchtbarsten Form kennen gelernt …», erwiderte Konrad: «Es kann doch nicht sein, dass die Nazis Recht behalten. Ich kann mir doch nicht von den Nazis diktieren lassen: Du bist Jude, du gehörst in diese Ecke, in diese Schublade …»

Die Schule des Überlebens

Als Halbwüchsiger erlebte Konrad, wie die Juden Breslaus Schritt für Schritt mit Hilfe von unsäglichen «Verordnungen» und «Gesetzen» die ganze Stufenleiter der Ausgrenzung hinabgestoßen wurden. Juden wurden aufgefordert, sämtliche Schmuck- und Wertsachen abzuliefern, Telefon und Radio abzugeben, nur noch zu bestimmten festgelegten Zeiten einzukaufen. Juden durften nicht mehr in Opern, Theater und Konzerte, Juden durften nicht mehr zum Friseur gehen, Juden durften keine Blumen und keine Seife kaufen, Juden durften nicht mehr die Straßenbahn benutzen und sich nicht mehr auf Parkbänke setzen. Nicht einmal ihre Haustiere durften sie behalten; sie wurden verpflichtet, ihre Katzen und Hunde abzugeben oder zu töten.

Nach Hitlers Machtergreifung hatte Manfred Latte in das Textil-Großhandelsgeschäft, das er von seinem Schwiegervater übernommen hatte, zwei «arische» Geschäftsfreunde als Teilhaber eingestellt, um das Unternehmen auf diese Weise vor der Arisierung zu schützen. Die beiden «Freunde» nahmen alsbald ihren Vorteil wahr. Mit einer aus der Luft gegriffenen Begründung klagten sie Konrads Vater der Unterschlagung an und drängten ihn 1936 aus der Geschäftsleitung. Der Jurist wollte es nicht wahrhaben, dass der deutsche Staat, an den er geglaubt und dem er als Freiwilliger im Ersten Weltkrieg gedient hatte, Verbrechern in die Hände gefallen war. Erfolglos versuchte er, einen Prozess anzustrengen und sein Recht gegen die beiden Teilhaber vor Gericht durchzusetzen.

Einen von den tüchtigen Teilhabern, einen Mann namens Morawa, machte Konrad nach dem Krieg in der DDR – in Luckau – ausfindig. Konrads Fragen zum Hinauswurf seines Vaters aus der Firma beschied Morawa formelhaft; er sprach von den durchaus «ordnungsgemäßen Vorgängen bei der Aneignung der Firma» und schloss mit der Mitteilung, dies alles sei ja nun vorbei. «Bitte grüßen Sie Ihren Vater von mir», endete der Brief.

Verzweifelt versuchte Konrads Vater, seine Familie als ambulanter Vertreter über Wasser zu halten. Tagsüber zog er zu Fuß mit zwei schweren Musterkoffern voller Textilien durch Breslau, abends kam er völlig erschöpft nach Hause. Kaum hatte er seine Koffer abgesetzt, gab er Konrad Nachhilfeunterricht. Danach diktierte er ihm Gutachten und Briefe, die frühere Geschäftsfreunde bei ihm in Auftrag gaben. Zu Konrads Aufgaben gehörte es, die Briefe möglichst noch am gleichen Abend zur Post zu bringen.

Nach dem Abendessen blätterte die Familie dann in einem Weltatlas und überlegte, in welches Land man fliehen könnte. Konrads Mutter widerstrebte schon die Idee einer Auswanderung. Sie hing an den verbliebenen Freunden, an den verbliebenen Möbeln, an deutscher Musik und Kultur. Dem Vater ging es nicht anders. Aber sie machten sich keine Illusionen. Allen war klar, dass sie versuchen mussten, aus Nazi-Deutschland herauszukommen. Aber in welches Land sollte man flüchten – nach Uruguay, wo Geschwister der Mutter untergekommen waren? Nach Mexiko, nach Ecuador, nach Chile? Nur eine Hand voll Länder hatte überhaupt die Bereitschaft signalisiert, Juden aus Nazi-Deutschland aufzunehmen. Und jedes Land stellte den Einwanderern Bedingungen, die jedenfalls für die Lattes unerfüllbar waren. Chile z. B. nahm im Jahre 1939 «wegen Überlastung» nur noch 50 Familien aus Deutschland auf, die die folgenden Voraussetzungen zu erfüllen hatten: Die Einwanderer mussten unter 45, kinderreich und fähig sein, einen Industriebetrieb zu gründen. Blieben Australien oder China. Aber was sollte ein deutscher Jurist mit seinen Kenntnissen in Shanghai anfangen? Manfred Latte würde irgendeine unqualifizierte Arbeit annehmen müssen, bei der man mit der Zeichensprache auskam. Trotz der geringen Aussichten schrieb Konrads Vater Briefe und Gesuche an verschiedene Botschaften, in denen der kränkelnde Mann seine Bereitschaft «auch zu schwerster körperlicher Arbeit» erklärte. Er erhielt nie eine Antwort.

Der junge Konrad beobachtete die Anstrengungen und die abnehmende Gesundheit seines Vaters mit hellwachen Augen und innerem Entsetzen. Insgesamt jedoch ging er mit den «Anordnungen» und «Gesetzen» der Nazis anders um als seine Eltern. Er unterlief sie, so gut er konnte.

Den Judenstern trug er nicht, wie es Vorschrift war, fest angenäht an der Jacke oder am Mantel, sondern befestigte ihn mit einer Stecknadel, sodass er ihn jederzeit abnehmen bzw. wieder anstecken konnte. Er ging in Konzerte, Opern, Gottesdienste, zu denen Juden keinen Zutritt mehr hatten. Gefahren drohten ihm bei solchen Unternehmungen nicht nur von den beamteten Hütern der neuen nationalsozialistischen Ordnung, sondern auch von den zahllosen «frei-

27

willigen» Polizisten – Nachbarn, die plötzlich ihre Lebens-
aufgabe darin sahen, einen wie Konrad zu beobachten und
zu denunzieren.

Trotz der zunehmenden Beengung ihrer Lebensverhältnisse
gelang es Konrads Eltern, ihren Sohn zu längeren oder kür-
zeren Studienaufenthalten nach Berlin zu schicken. Am
Tag der so genannten Kristallnacht war Konrad in der
Hauptstadt – ausgerechnet am 9. November 1938 sollte er
beim Organisten der Synagoge in der Prinzregentenstraße
Unterricht nehmen. Doch Herr Baer rief ihn an, um die
Stunde abzusagen, und fragte, ob er denn nicht gemerkt
habe, was in der Stadt vorgehe. Noch am selben Tag reiste
Konrad nach Breslau zurück.

Zu Hause erfuhr er, dass sein Vater von der Gestapo abgeholt und nach Buchenwald gebracht worden war. Seine
Mutter überredete ihn, sich gleich am nächsten Tag freiwillig als Pfleger im Jüdischen Krankenhaus zu melden, um
eine Zeit lang aus dem Blickfeld der Gestapo-Greifer zu
verschwinden.

Die Zeit im Jüdischen Krankenhaus wurde für Konrad
eine der schlimmsten Erfahrungen. Hilflos musste er dabei
zusehen, wie die Gestapo Schwerkranke und frisch ope-
rierte Patienten aus den Betten holte und innerhalb einer
Stunde in Lastwagen verlud und fortschaffte. Täglich
wurden verzweifelte jüdische Bürger eingeliefert, die versucht hatten, der Deportation durch Selbstmord zuvorzu-
kommen. Da es überall an Fachpersonal fehlte, musste der
unerfahrene Hilfspfleger bei Operationen assistieren,
Nachtwachen halten, Verstorbene in den Keller schaffen.
In seinen Aufzeichnungen unmittelbar nach dem Krieg hat
Konrad Latte einige der Szenen festgehalten: «Kurze Zeit

später kam wieder der Krankenwagen. Diesmal brachte er gleich sechs Menschen auf einmal – alles Selbstmörder. Ich kenne diese Menschen. Die beiden Damen, Mutter und Tochter, sind Russinnen. Die Tochter ist die Frau eines bekannten Malers, der vor kurzem ausgewandert ist, sie selbst ist Kunsthistorikerin. Ich habe einmal Unterricht bei ihr gehabt. Die anderen vier, Eltern und ihre Kinder, sind gute Freunde von uns. Mit den Kindern bin ich zur Schule gegangen, und schon unsere Großeltern kannten sich. Nun sitze ich hier vor ihnen und höre, wie ihr Atem immer flacher wird. Marianne ist etwas jünger als ich, was für ein froher Mensch sie gewesen ist! Wie lange wird sie noch leben? Eine Stunde? Zwei? – Ich sehe mich um. Zwei junge Schwestern sind noch da und der siebzehnjährige Sohn des Hausmeisters. Die drei haben angefangen, Witze zu machen. Sie kneifen die Sterbenden in die Beine und gehen betont nonchalant mit ihnen um. Und jetzt zieht der Junge doch tatsächlich eine Mundharmonika aus der Hosentasche und beginnt, einen Schlager zu spielen. Die beiden Schwestern singen begeistert mit; vielleicht würden sie sonst verrückt werden ... Es ist wie in der Hölle.»

Sechs Wochen nach seiner Verhaftung wurde Konrads Vater ebenso grundlos, wie er verhaftet worden war, wieder entlassen.

Als Manfred Latte an das Parterrefenster der Breslauer Wohnung klopfte, war es Nacht. Konrads damals dreizehnjährige Schwester Gabi lag mit einer schweren Grippe im Bett und hörte das Klopfen als Erste. Sowie sie die Stimme ihres Vaters erkannt hatte, stürmte sie im Hemd nach draußen. Erst in den folgenden Tagen zeigte sich, dass sich das ohnehin geschwächte Kind bei der Umarmung ihres Vaters mit einer Krankheit angesteckt hatte, die er, ohne es zu wissen, aus der Haft in Buchenwald mitgebracht hatte: Scharlach. Konrads Schwester starb binnen weniger Tage.

Manfred Latte kam zwar körperlich zu Kräften, aber die Krankheit seiner Tochter ließ ihm keine Zeit, sich mit Konrad und Margarete über das Grauen und die erlittenen Demütigungen der KZ-Haft auszutauschen. Die Sorgen der Familie galten dem sterbenskranken Kind; niemand fand die Kraft, dem aus Buchenwald zurückgekehrten Vater die Aufmerksamkeit zu schenken, die er brauchte. Was Manfred Latte dort widerfahren war, behielt er für sich. Kaum war er einigermaßen gesundet, machte er sich mit seinen Koffern wieder auf den Weg. In den Briefen von Konrads Mutter an die Freundin Raja kehrt, wenn von ihrem Mann überhaupt die Rede ist, wie ein Refrain der Satz wieder: «Er arbeitet am Sonntag wie in der Woche.» Konrad bemerkt in einem Brief, das Klavierspiel seines Vaters werde immer schwächer, weil er keine Zeit zum Üben finde. Nur die Geige, die Manfred Latte schon länger nicht mehr angerührt hatte, nahm er nach dem Tode seiner Tochter wieder zur Hand. Auf dieser Geige hatte Gabi zuletzt gespielt.

Anfang 1941 wurde die Wohnung der Lattes beschlagnahmt, die Familie musste in ein Gebäude des jüdischen Friedhofs umziehen. Das Verwaltungsgebäude bestand aus zwei Wohnungen. Das obere Stockwerk teilten sich die Lattes mit zwei jüdischen Damen. Im Erdgeschoss wohnte die Familie Köhler. Herr Köhler, ein älterer Mann mit verkniffenem Gesicht und starker Brille, hatte der Jüdischen Gemeinde jahrzehntelang als Friedhofsgärtner gedient. Als die Nazis an die Macht kamen, musste die Gemeinde ihn entlassen – in den Augen der neuen Herren war es nicht tragbar, dass ein Arier für Juden Pflanzen bewässerte und Unkraut jätete. Nach dem Verlust seiner Arbeit fürchtete Herr Köhler um seine Wohnung im Verwaltungshaus – auch einem *ehemaligen* Angestellten jüdischer Arbeitgeber haftete ein Makel an. Um sich mit der Partei gut zu stellen, hatte er sich als Spitzel angeboten. Die Partei hatte seine Dienste auf Bewährung angenommen, und prompt überboten Herr Köhler und seine Frau sich gegenseitig an Wachsamkeit.

Jedes Mal, wenn Konrad aus dem Haus ging, fuhr Herr Köhler ihm mit dem Fahrrad nach. Sobald er Konrad überholt hatte, starrte er auffällig lange auf dessen Brust und machte danach kehrt. Natürlich wusste Konrad, was der Blick des Spitzels suchte – den Judenstern –, und er wusste auch, wie er ihn täuschen konnte. Im Sommer ging Konrad mit dem Stern auf der Brust aus dem Haus, trug aber auf dem Arm einen Regenmantel ohne Stern, den er sofort anzog, sobald er außer Sichtweite von Herrn Köhler war. Im Winter steckte er sein «Hoheitszeichen», wie er es nannte, am Mantel fest und nahm es ab, sobald er sich sicher fühlte.

Eines Nachmittags kam die Stunde der Köhlers. Konrad musste rasch zu einer Verabredung in die Stadt. Er hatte sich Gewissheit darüber verschafft, dass seine Bewacher nicht im Hause waren, und sah sich deswegen nicht sonderlich vor. Er ging ohne den Stern aus dem Haus und wartete an der Ecke auf die Straßenbahn. Plötzlich sah er Frau Köhler auf der anderen Straßenseite. Sie hatte ihn längst bemerkt und starrte wie gebannt auf seine sternlose Brust. Trotz der Entfernung war es ihm, als könne er den Triumph in ihren Augen erkennen. Schon winkte sie einen Schupo heran, der wie gerufen in der Nähe stand, und be-

31

gann auf ihn einzureden. Konrad tat so, als bemerke er von all dem nichts; langsamen Schrittes entfernte er sich von der Haltestelle, kam jedoch nicht weit. Der Schupo war ihm hinterhergeeilt und rief ihn an.

«Hallo, Sie ... darf ich mal Ihren Ausweis sehen?»

Konrad händigte ihm seine Kennkarte mit dem großen aufgedruckten J aus. Wo er denn seinen Stern gelassen habe, wollte der Schupo wissen. Den habe er dummerweise vergessen, gab Konrad zurück und wandte sich zum Gehen, er werde auf der Stelle umkehren und ihn holen. Aber der Schupo ließ ihn so einfach nicht davonkommen.

«Ich muss Sie leider aufschreiben», beschied er Konrad, «Sie sind eben denunziert worden!» – Ob man das nicht ein andermal erledigen könne, fragte Konrad so harmlos wie möglich, es komme doch einmal vor, dass man Dinge vergesse ...

Der Schupo schüttelte den Kopf. Konrad spürte, der Beamte hätte ihn laufen lassen, wäre nicht jede seiner Gesten von den argwöhnischen Blicken der Denunziantin verfolgt worden. Frau Köhler würde nicht zögern, auch einen Schupo anzuzeigen. Konrad bekam eine Eintragung und eine polizeiliche Verwarnung, «weil er ohne Judenstern» angetroffen worden war.

Schweren Herzens erzählte er abends seinen Eltern von seinem Missgeschick. Sein Vater machte ihm heftige Vorwürfe; Konrads Leichtsinn könne nicht nur ihn selber, sondern die ganze Familie «den Kopf kosten». Konrad schwor, in Zukunft vorsichtiger zu sein.

Aber er setzte seine Ausflüge in die Stadt fort. Er wollte Musiker werden und war fest entschlossen, sich durch die Nazis nicht von diesem Ziel abbringen zu lassen. Da auf Anmeldungen und Bewerbungen eines jüdischen Schülers keine Antwort zu erwarten war, musste er einen anderen Weg zu seinen Lehrern suchen. Das Mittel, auf das Konrad verfiel, war die Vorsprache ohne Voranmeldung – man kann auch sagen: der Überfall. So bestieg er die Orgelempore der Elisabethkirche, stellte sich dem berühmten Breslauer Organisten Johannes Piersig vor und bat, ihm vorspielen zu dürfen. Der Meister schien beeindruckt und bereit zu sein, den jungen Mann als seinen Schüler anzunehmen. Konrad war von seinem Erfolg so überwältigt, dass er alle Vorsicht vergaß. Piersig, so sagte er sich, war ein Künstler, ein freier Mann; er hörte auf Buxtehude, Bach und Händel, nicht auf die Weisungen einer Partei. Freimütig erzählte Konrad ihm, dass er Jude sei. «Danach habe ich Sie nicht gefragt! Kommen Sie Freitag um zwei Uhr zum Unterricht!»

Als Konrad sich zur verabredeten Zeit vor der Kirche einfand, war das Gebäude verschlossen. Vor der Kirchentür erwartete ihn statt seines Lehrers eine alte Frau, die Konrad nicht kannte. Sie schien zu frieren, sie zitterte. Ihr Sohn sei heute leider verhindert, flüsterte sie Konrad zu und fuhr dann mit beschwörender Stimme fort: «Und bitte, verschonen Sie ihn in Zukunft mit solchen Zumutungen!»

Konrad verstand nicht recht, was er dem Sohn dieser Frau angetan hatte, noch weniger, warum der Sohn, der schließlich kein junger Mann mehr war, nicht selber gekommen war, um den Unterricht abzusagen. Unvermittelt steckte ihm Mutter Piersig etwas zu und ließ ihn stehen. Ratlos blickte Konrad auf das bedruckte Stück Papier, als ließe sich darauf eine Erklärung des Meisters finden. Aber was er in der Hand hielt, war nichts als ein abgegriffener Zwanzigmarkschein.

Er weigerte sich, das «Lösegeld» anzunehmen. Beim nächsten Gottesdienst warf er den Schein – unter den Klängen von Piersigs Orgelspiel – in die Kollekte.

Solche und ähnliche Erfahrungen nötigten Konrad, eine neue, unsichtbare Schule zu betreten: die Schule des Überlebens. In dieser Schule gab es kein Curriculum, keine Klassenkameraden und auch keine Lehrer, sondern nur ein Fach und eine Aufgabe: Menschen und Situationen binnen Sekunden richtig einzuschätzen, Gefahren rechtzeitig zu erfassen, blitzschnelle Entscheidungen zu treffen – wer einen Fehler machte, büßte womöglich mit dem Leben. In dieser Schule musste Konrad beides lernen: Menschen misstrauen, aber auch Menschen vertrauen, die Fähigkeit, sich zu verstellen, und die andere, sich rückhaltlos zu offenbaren. Wem gegenüber er sich wie zu verhalten hatte, dafür gab es kein Rezept.

So oft wie möglich reiste er, manchmal in Begleitung seines Vaters, meist jedoch allein nach Berlin, wo er unter anderem an der jüdischen Musikschule Landsberg-Holänder in der Sybelstrasse Unterricht im Klavierspiel und Dirigieren nahm. Die Schule verfügte über glänzende Lehrer – fast durchwegs verjagte jüdische Musiker aus den großen Orchestern und Opernhäusern Berlins, die an der Schule ein letztes Auskommen suchten. Hin und wieder nahm er auch privaten Unterricht beim Dirigenten des jüdischen Kulturbund-Orchesters Rudolf Schwarz.

Inzwischen gingen bei den Juden Breslaus Postkarten ein. Den Empfängern wurde mitgeteilt, sie hätten sich an einem festgesetzten Tag im «Freundessaal» der Jüdischen Gemeinde zu melden – zwanzig Pfund Gepäck und Verpflegung für drei Tage durften mitgebracht werden. Die meisten von den ersten etwa tausend Betroffenen kamen der Aufforderung nach, die anderen wurden von der Gestapo abgeholt. Niemand wusste, nach welchen Gesichtspunkten diese Familien ausgesucht worden waren. Diejenigen, die keine Postkarte erhalten hatten, verharrten in einem Zustand ohnmächtigen Wartens. «Die meisten», notiert Konrad in einer Aufzeichnung über jene Tage, «reagieren mit einem apathischen Fatalismus, der mir unbegreiflich ist. Man muss doch wenigstens versuchen, sich zu retten.»

Über der Frage, was die Lattes denn tun würden, wenn sie selbst diese Postkarte erhielten, kam es zum Streit zwischen Vater und Sohn. Konrad ließ an seiner Haltung keinen Zweifel. «Da geht man doch nicht hin», erklärte er. «Und wenn wir nur eine Stunde gewinnen ...!»

«Man geht also nicht hin», wiederholte sein Vater, «und weiter?»

Man müsse fliehen, erwiderte Konrad, untertauchen. Ewig könne dieser Krieg ja nicht mehr dauern! Sein Vater war ganz anderer Ansicht. Er hielt die Schwierigkeiten einer womöglich jahrelangen Existenz in der Illegalität für unüberwindlich.

«Als preußischer Jurist», kommentiert der achtzigjährige Konrad, «konnte mein Vater sich einfach nicht vorstellen, einer Aufforderung des Staates n i c h t Folge zu leisten.»

Wie er denn ohne Lebensmittelkarten Monate, vielleicht Jahre überleben wolle, fragte ihn der Vater. – Die müsse man sich eben auf dem Schwarzmarkt besorgen! – Und wie sie bezahlen, von welchem Geld? – Man werde unter der Hand eine Arbeit finden! – Und wo wohnen, wie Konrad sich das vorstelle? – Man habe doch genug Freunde! –

35

Ob Konrad sich wirklich einbilde, irgendjemand werde drei untergetauchte Juden monatelang bei sich aufnehmen?

Der Vater wurde ungeduldig. Er müsse Konrad nicht erklären, wie oft er selber über das alles nachgedacht habe. Es habe keinen Zweck, die Schwierigkeiten seien zu groß.

An dieser Stelle mischte sich Konrads Mutter ein. Sie mochte sich mit dem resignierten Schlusssatz ihres Mannes durchaus nicht abfinden: Was man eigentlich zu verlieren habe, fragte sie. Sie sollten eine Flucht doch wenigstens versuchen!

Manfred Latte gab eine Antwort, die Konrad nicht zuletzt deswegen im Gedächtnis geblieben ist, weil sie erst vor dem Blick und Nachwissen der Überlebenden als tragisch falsch erscheint. Die Aussichten, das Lager zu überstehen, meinte Konrads Vater, seien immer noch größer als «bei einem solchen ‹Karl-May-Leben›», wie Konrad es vorschlage.

Konrad widersprach, obwohl er keine besseren Gründe anzuführen hatte. Er wusste nicht, was mit den Juden eigentlich geschah, die sich in der Sammelstelle einfanden und nach Osten transportiert wurden. Er wusste nur, dass niemand, der der Aufforderung gefolgt war, je zurückgekommen war.

«Was immer ihr entscheidet», sagte Konrad, «ich gehe da nicht hin!»

Er war von seiner Entschlossenheit selbst überrascht. Das Verfolgungssystem der Nazis war so lückenlos, dass ein Entkommen bei nüchterner Vorausberechnung aller Umstände unmöglich erschien. In Wahrheit hatte er seinem Vater nichts entgegenzusetzen als seinen Trotz und die

Hoffnung auf irgendeine Lücke im System. Nicht einmal die Nazis, darauf setzte Konrad, konnten alles vorausberechnen. Und wenn es schief ging, dann hatte man den Aufenthalt im Lager wenigstens um einige Stunden oder Wochen verkürzt.

Ein Herrenmensch zu Besuch

Im Herbst 1941 wurde Konrad zum Arbeitsamt bestellt und als Hilfsarbeiter der Farbenfabrik Willi Damann zugewiesen. Außer ihm waren dort sieben Arbeiter beschäftigt, die den jüdischen «Kollegen» ohne Ressentiment begrüßten. Als es zur Frühstückspause läutete und Konrad mit den anderen in den Mannschaftsraum ging, erklärte ihm der Vorarbeiter allerdings, sein Frühstücksraum sei nebenan. Konrad war verblüfft über die Mühe, die sich der Betrieb mit dem einzigen Juden der Belegschaft machte: Er hatte das «Privileg», beim Frühstück und während der anderen Essenspausen allein in einem eigens abgeteilten Raum zu sitzen.

Auch bei der Arbeit bekam Konrad dann bald den gewissen Unterschied zwischen ihm und den «Ariern» zu spüren, auf den er im Gymnasium zum ersten Mal gestoßen war. Er musste schwere Säcke tragen und erfuhr, dass man ihm den Lohn für seine Arbeit nicht auszahlen könne – der Lohn gehe auf ein Sperrkonto, zu dem Konrad keinen Zugang habe. Seine Kollegen erhielten alle Schwerarbeiterzulage, auch diejenigen, die nicht schleppen mussten. Konrad in seinem «Séparée» bekam eine reduzierte Kost. Zwar behandelten ihn die anderen Arbeiter eher kameradschaftlich als feindlich; aber sie muckten gegen die Behandlung des jüdischen Kollegen auch nicht auf.

Inzwischen hatten die meisten Juden Breslaus ihre Postkarte erhalten. Auch Frau Eliasberg, die neben Lattes ein Zimmer hatte, war von der Gestapo abgeholt worden. Die Familie Latte kam mit ihren Überlegungen nicht weiter. Konrads Vater hatte Recht, es gab keinen halbwegs vernünftigen, berechenbaren Fluchtplan, der Erfolg versprach. Und dennoch: Obwohl eine Flucht fast unmöglich erschien, waren inzwischen alle drei entschlossen, sie zu wagen.

Wenige Stunden nach der Abholung von Frau Eliasberg klingelte es. In der Tür stand ein Gestapo-Mann, Zigarette im Mundwinkel, Aktentasche unter dem Arm. Kaum hatte Konrad geöffnet, da war er auch schon in der Wohnung. Den Hut behielt er auf.

«Guten Tag», sagte Konrads Vater und stand auf. Keine Antwort. Der junge Mann sah sich in der Wohnung um, als sei sie sein Eigentum. «Geheime Staatspolizei», bellte er schließlich in den Raum und blickte im Vollgefühl seiner Macht in die Runde. Dann fragte er mit einer Kopfbewegung zu Konrads Mutter: «Sie sind Jüdin?» – «Ja.» – «Und Sie Jude?» – Gemeint war offensichtlich ‹Onkel› Ernst, der gerade zu Besuch war. Der bejahte die Frage, obwohl er nur ein «Jude auf Zeit» war. Denn bei seinen Besuchen bei den Lattes steckte ‹Onkel› Ernst zum Schutz immer einen gelben Stern an – es war unverdächtiger, wenn ein Jude einen Juden besuchte, als wenn ein «Arier» dies tat.

Damit schien das Verhör beendet zu sein. Der junge Mann ging im Zimmer umher, nahm einen Briefbeschwerer in die Hand, legte ihn wieder weg, begann einen Brief zu lesen, der auf dem Schreibtisch lag, und setzte sich dann, den Hut immer noch auf dem Kopf, an den Schiedmayer-Stutzflügel. Er schlug ein paar Akkorde an – ein Anfänger, erkannte Konrad sofort, ein Stümper! – und schnarrte dann, etwas freundlicher: «Ganz schönes Instrument! Ich habe gehört, Sie wollen den Kasten verkaufen!»

Da müsse er falsch gehört haben, entgegnete Konrads Vater, er habe nie an einen Verkauf gedacht, sein Sohn brauche das Instrument.

«Ihr Sohn braucht das Instrument? Wozu?»

«Er ist Musiker.»

«Ich werde Ihnen mal etwas sagen», sagte der junge Mann mit dem Hut und erhob sich, «Ihr Sohn ist nicht Musiker, er ist Hilfsarbeiter. Es hat sich ausgemusikert!»

Er nahm seine Blechmarke aus der Aktentasche und klopfte damit auf den Flügel.

«Ich habe doch eben richtig gehört: Sie wollen diesen Flügel verkaufen?»

Manfred Latte gab nicht auf; er tat so, als habe nicht er den Gestapo-Mann, sondern der Gestapo-Mann ihn falsch verstanden. Konrad bewunderte seinen Vater, als der todbleich, aber mit fester Stimme sagte, es werde ihm, Herrn Hirschberg, wohl bekannt sein, dass Juden kein Stück ihres Besitzes ohne eine Genehmigung der Geheimen Staatspolizei veräußern dürften.

Der junge Mann wurde ungemütlich. «Los, Sie setzen sich an die Schreibmaschine», brüllte er, «und schreiben Sie, was ich Ihnen diktiere! ‹An die Geheime Staatspolizei! Ich, der Jude Manfred Israel Latte, bitte hiermit um Genehmigung, dem Unterscharführer der SS, Fritz Hirschberg, dortselbst bekannt, meinen Flügel verkaufen zu dürfen. Grund: Verkleinerung meiner Wohnung!›»

Dann ließ er Manfred Latte die Erklärung unterschreiben und fragte beinahe vertraulich: «Wo ist übrigens Ihr Erlaubnisschein, dass Sie diese Schreibmaschine überhaupt benutzen dürfen?»

Wahrscheinlich hielt Herr Hirschberg diese Bemerkung für witzig.

Als der Gestapo-Mann das Schriftstück eingesteckt hatte, wechselte er die Tonart. Die Familie solle sich durch ihn nicht weiter stören lassen, meinte er und setzte sich, mit dem Hut immer noch auf dem Kopf, an den Teetisch. Er habe zwei Kinder, erklärte er, und lege Wert darauf, dass sie Klavier spielen lernten. Vierhändig, jawohl! Und für Kinder, sage er sich, sei das Beste gerade gut genug. Die Lattes könnten doch das Instrument sowieso nicht mitnehmen. Es könne Ihnen doch nur lieb sein, wenn sie es in guten Händen wüssten.

Konrad konnte es nicht fassen. Das alles sagte dieser Mensch nicht etwa mit Spott und Hohn in der Stimme, sondern durchaus freundlich, geradezu vertrauensselig. Kein Zweifel, Herr Hirschberg öffnete ihnen sein Herz, und das vernehmliche Schweigen seiner «Gastgeber» irritierte ihn nicht im Mindesten. Offenbar war er fest überzeugt, dass er nicht nur sich, sondern den Lattes etwas Gutes tat.

Dann fiel sein Blick auf den Geigenkasten.

«Ach, für die Geige würde ich mich eigentlich auch interessieren!», rief er und sprang auf. Manfred Latte stand ebenfalls auf. «Die bleibt hier!», sagte er mit zitternder Stimme, «diese Geige hat meiner verstorbenen Tochter gehört ...» Er war zu erregt, um weitersprechen zu können.

Ungläubig sah Konrad, wie der junge Mann, der nur ein paar Jahre älter war als er, seinem Vater begütigend auf die Schulter schlug. Seinem Vater, der für Deutschland gekämpft hatte zu einer Zeit, als dieser Rüpel, der sich für einen Vertreter des wahren Deutschtums hielt, noch nicht einmal geboren war!

«Na na, Herr Latte», sagte Herr Hirschberg. «Nun beruhigen Sie sich mal. Was haben Sie denn davon, eine so schöne Geige hier herumliegen zu lassen!»

Dann wurde er wieder dienstlich. Wegen der Abholung des Flügels werde er rechtzeitig Bescheid geben. Und was die Bezahlung angehe: Viel könne er, der Vater zweier Kinder, nicht anlegen, aber das könne den Lattes ja egal sein. Das Geld gehe sowieso auf ein Sperrkonto. «Also sagen wir 200 Mark für alles, einverstanden?»

Ein paar Tage später kam Herr Hirschberg wieder. Er teilte Konrads Mutter mit, er habe es sich anders überlegt. Er wolle den Flügel lieber doch bis zur Abholung der Familie in der Wohnung stehen lassen. Margarete Latte dankte ihm für seine Großzügigkeit; dennoch sei es vielleicht besser, wenn er den Flügel gleich mitnehme. Sonst finde sich der Name Latte womöglich schon auf der nächsten Transportliste, damit der Herr Unterscharführer schneller zu «seinem» Instrument komme ...

In diesem Augenblick ging mit Herrn Hirschberg eine merkwürdige Veränderung vor. Nach allem, was er ihr bisher geboten hatte, war Konrads Mutter auf alles gefasst, aber nicht auf die folgende Szene. Herr Hirschberg wurde bleich, nahm plötzlich Haltung an, richtete sich zur vollen Höhe auf und stieß dann, mit ehrlicher Empörung in der Stimme, hervor: «Für wen halten Sie mich, Frau Latte? Ich bin doch kein Schuft!»

Sagte es, drehte sich auf den Hacken um und ging.

Es dauerte nicht lange, bis Herr Hirschberg mit einem Transportwagen vor der Tür stand. Er habe Ärger auf seiner Dienststelle gehabt, entschuldigte er sich, man habe dort behauptet, er habe einen «Sondervertrag mit einem Juden» abgeschlossen, was doch nun wirklich eine unsägliche Unterstellung sei. Ihm persönlich tue das Ganze unendlich Leid, aber die Welt, sie sei nun einmal schlecht ...

Dann ließ er aufladen und vergaß nicht, zusätzlich zum Flügel und zur Geige rasch noch zwei Klavierstühle und die Klavierlampe mitgehen zu lassen.

Am nächsten Morgen erzählte Konrad in der Farbenfabrik vom offenbar ganz legalen Instrumentenraub des Herrn Hirschberg. Er wusste, dass der Vorarbeiter ein Nazi war; was der denken und sagen mochte, war ihm jetzt gleichgültig. Die Arbeiter hörten schweigend zu, einige schüttelten sacht ihre Köpfe, aber Konrad spürte ihre Empörung und hatte das deutliche Gefühl, dass sie auf seiner Seite standen. Den ganzen Tag über behandelten sie ihn besonders rücksichtsvoll, nahmen ihm den einen oder anderen Sack ab, stießen ihm mit dem Ellbogen aufmunternd in die Seite, und diese kleinen Gesten der Anteilnahme trösteten ihn, auch wenn sie an dem, was ihm widerfahren war, nichts ändern konnten.

«Du hast keine Chance.
Ergreife sie!»

Am 8. April 1942 wurden die Eltern von Anita aufgefordert, sich binnen 24 Stunden bei der Sammelstelle zu melden. Ein halbes Jahr zuvor waren Anita und ihre Schwester Renate zum Arbeitsdienst in eine Papierfabrik eingezogen worden, die Klopapier und Papierservietten herstellte.

Ihr Vater, so berichtet Anita Lasker-Wallfisch in ihrem Buch *Ihr sollt die Wahrheit erben*, nahm die Nachricht mit größter Beherrschung auf. Die beiden Töchter standen nicht auf der Liste, und jede Diskussion, ob sie nicht trotzdem mitgehen sollten, schnitt er ab mit den Worten: «Da, wo wir hingehen, kommt man zeitig genug hin.» Danach zog er sich in sein Arbeitszimmer zurück und arbeitete bis tief in die Nacht.

Anita harrte mit ihrer Mutter aus, bis der Vater mit seiner Arbeit fertig war. Um zwei Uhr nachts rief er Anita zu sich und diktierte ihr in ihr Merkbuch, wie die häuslichen Angelegenheiten zu regeln, wie das Gas und die Miete zu bezahlen waren, an wen sie zu schreiben habe. Schließlich übergab er ihr eine Vollmacht, die sie ermächtigte, an seiner Stelle zu unterschreiben, wo immer seine Unterschrift verlangt werde.

Er verlasse sich auf sie, und: «Anita, pass auf deinen

Gang auf!», waren die letzten Worte, die sie aus dem Mund ihres Vaters hörte.

Später kamen noch drei Briefe, in denen der Vater seinen Töchtern Mut zusprach. Über den Ort und die Umstände, in denen er seit der Deportation mit seiner Frau lebte, ließ er kein Wort verlauten. «Schickt Nahrungsmittel», las Anita am Ende eines Briefes, und im letzten, den sie erhielt, stand der Psalm: «Ich hebe meine Augen auf zu den Bergen, von wannen mir Hilfe kommt!» Dann brachen die Nachrichten ab.

Konrad besuchte die beiden Lasker-Schwestern, sooft er konnte. Er sah, dass sich ihre Lebensumstände dramatisch verschlechtert hatten, seit ihre Eltern abgeholt worden waren. «Ich mache mir Sorgen um Anita und Renate», notiert Konrad in seinen Aufzeichnungen. «Dem Leben, das sie führen müssen ... sind sie auf die Dauer nicht gewachsen. Jeden Tag, wenn sie todmüde von ihrer Arbeit nach Hause kommen, erwartet sie eine unaufgeräumte, ungeheizte Wohnung. Die eine beginnt dann mit dem Heizen und Putzen, während sich die andere in einem der weit entfernten Läden anstellt, in denen Juden zwischen 4–5 Uhr einkaufen dürfen. Dann wird irgendetwas schnell gekocht, und schon beim Essen schlafen sie meistens ein. So geht es seit vielen Wochen. Einmal hatten sie eine 10-Zimmerwohnung und eine französische Erzieherin ...»

Eines Tages weihten die beiden Mädchen Konrad in ihren Fluchtplan ein. Es war ihnen gelungen, durch ein Loch in der Toilettenwand Kontakt zu einigen ihrer französischen «Kollegen» herzustellen – es handelte sich um Kriegsgefangene, die zur Arbeit in die Breslauer Papierfabrik verschickt worden waren. Die beiden Mädchen sprachen gut Französisch und hatten sich mit den «Zivilarbeitern» darauf verständigt, ihnen bei der Herstellung falscher Papiere zu helfen. «Diese Zivilarbeiter», berichtet Anita Lasker-Wallfisch, «hatten das Recht, dann und wann auf Urlaub nach Hause zu fahren. Wir besaßen noch eine Schreibmaschine – das war alles, was uns von der Praxis meines Vaters verblieben war –, und außerdem konnten wir die Sütterlinschrift schreiben. Mit diesen Mitteln halfen wir bei der Herstellung falscher Papiere, die dann von den Kriegsgefangenen zur Flucht benutzt wurden … Die Stempel für die Papiere wurden von anderen Leuten gefälscht.»

Eines Tages entdeckten sie, dass das Loch in der Wand zugemauert worden war – sie hatten allen Grund zu der Befürchtung, dass sie beobachtet wurden. In aller Hast fassten sie den Plan, für sich selber Urlaubspapiere zu fälschen und sich als «Französinnen» in die unbesetzte Zone von Frankreich durchzuschlagen: «Ein absolut absurdes Unterfangen», urteilt Anita Lasker-Wallfisch im Rückblick, «wir wussten nicht einmal, ob es überhaupt weibliche Zivilarbeiter gab.»

Konrad reagierte skeptisch auf den Plan. Die französische Vichy-Regierung kollaborierte mit den Nazis. Selbst wenn es den Schwestern gelingen sollte, als «Französinnen» Deutschland zu verlassen, so blieb immer noch zu befürchten, dass die französischen Behörden sie verhaften und zurückschicken würden. Andererseits bot dieses nahezu aussichtslose Vorhaben den Schwestern die womöglich letzte Gelegenheit, der sicheren Deportation zu entgehen. Er würde sich ein Leben lang Vorwürfe machen, wenn er den Mädchen die Sache ausredete.

Als ihm die Schwestern dann ein paar Tage später ihre Papiere zeigten, bekam er einen Schreck. Man musste kein Experte sein, um zu erkennen, dass sie äußerst dilettantisch gefälscht waren. Das Wort «Ausweis» war falsch gedruckt. Anita, die den Fehler bemerkt haben musste, wollte es nicht zugeben. Als er mit dem Finger auf den fehlenden Buchstaben zeigte, behauptete sie trotzig, niemand werde ihn vermissen. Außerdem sei es zu spät, sich andere Ausweispapiere zu beschaffen. Der Abfahrtstermin stehe fest: nächsten Mittwochabend um zehn Uhr.

Am liebsten wäre ihm gewesen, er wäre nie in den Fluchtplan eingeweiht worden. Er wünschte den Lasker-Mädchen alles Glück der Welt, nur gelang es ihm beim besten Willen nicht, an das Gelingen ihrer Flucht zu glauben. Aber es hatte keinen Zweck mehr, sie zurückzuhalten. Beide schienen ihm so verrannt in ihren Plan zu sein, so optimistisch, so glücklich über die Aussicht, nach Paris zu entkommen … Er brachte es nicht über sich, ihre Hoffnungen zu zerstören.

Kurz vor dem Abschied nahm Anita Konrad beiseite und bat ihn um einen Gefallen.

Ob er ihr, für den Fall aller Fälle, etwas von seinem weißen Zeug abgebe, er wisse schon!

Konrad hatte Anita erzählt, dass er sich bei einem befreundeten Apotheker, Dr. Finley, Zyankali besorgt hatte. Aber es wäre ihm nie in den Sinn gekommen, dass sie ihn bitten könnte, das Gift mit ihm zu teilen. Er, der kaum Zwanzigjährige, sah die beiden Mädchen plötzlich mit den Augen eines Erwachsenen. Vielleicht hatten sie mit ihren plump gefälschten Ausweisen wirklich nicht den Hauch einer Chance. Vielleicht, wahrscheinlich sogar, würden sie von der Gestapo gestellt und deportiert werden. Und vielleicht, wahrscheinlich sogar, war es in diesem Fall besser, wenn sie sich mit dem weißen Gift, das in Sekunden wirkte, ihren Verfolgern für immer entzogen. Aber er, Konrad, sollte ihnen die Todesdroge verabreichen?

Die Schwestern erschienen ihm viel zu nervös, um mit dem Gift umgehen zu können. Sie würden es womöglich zu früh nehmen, einer Stimmung, einer momentanen Verzweiflung, einer falschen Beurteilung ihrer Lage gehorchend.

Er war fest entschlossen, Anitas Bitte abzuschlagen – und gab ihr einen Teil des Gifts, in ein Glasröhrchen gefüllt. Die Befürchtung jedoch, dass er seine beiden Freundinnen in einen unnötigen und vorzeitigen Tod trieb, ließ ihn nicht schlafen. Unter dem Vorwand, dass er sich in der Dosis geirrt habe, bat er Anita anderntags, ihm das Gift zurückzugeben. Er entfernte das Zyankali, füllte das Röhrchen mit Traubenzucker und gab es der Freundin mit auf die Reise.

Am Abend vor der Abfahrt nach Frankreich war er im Haus der Krummes mit den Schwestern verabredet. Das Paar lebte in einer so genannten Mischehe – Werner Krumme war «Arier», seine Frau Ruth Jüdin. Konrad erkannte die Lasker-Mädchen kaum wieder. Sie waren hoch elegant gekleidet, hatten Augen und Lippen stark geschminkt und viel Rouge auf die Wangen gelegt, um so «französisch» wie möglich auszusehen. Am nächsten Morgen, so erzählten sie, würden sie die Arbeit schwänzen und den Tag bei den Krummes verbringen. Abends wollten sie dann den Zug nach Paris besteigen. Renate war in zuversichtlicher Stimmung, Anita jedoch weinte herzzerreißend. Konrad hatte das schreckliche Gefühl, sie wäre ihm dankbar gewesen, hätte er sie in letzter Minute doch noch von dem ganzen Vorhaben abgebracht.

Zwei Tage später erfuhr Konrad, dass die Flucht gescheitert war – viel schlimmer gescheitert, als er befürchtet hatte.

Die Krummes hatten es sich trotz des Protestes der Schwestern nicht nehmen lassen, sie zum Bahnhof zu begleiten. Sie wurden zusammen mit Anita und Renate auf dem Bahnsteig in Breslau von der Gestapo verhaftet. «Werner, der ‹Arier›», schreibt Anita Lasker-Wallfisch, «wurde später ein ‹prominenter› Häftling in Auschwitz. Er hat anderen Gefangenen geholfen, soviel es nur irgend möglich war. Seine Frau starb in der Gaskammer. Er überlebte. Vor einigen Jahren wurde im Yad Vashem in Jerusalem … ein Baum zu Werner Krummes Ehren gepflanzt. So wohlverdient!»

Wenig später wurde Konrad zur jüdischen Gemeinde bestellt. Der Vorsitzende empfing ihn, halb verlegen, halb ungehalten. Die Gestapo habe nach Konrad gefragt, teilte er ihm mit, die Lasker-Mädchen seien plötzlich verschwunden; von ihm, dem Vorsitzenden, habe die Gestapo wissen wollen, mit wem die Flüchtlinge befreundet seien. Er habe leider Konrads Namen nennen müssen. Konrad solle sich gleich melden und den Vorgang aufklären; es tue ihm, dem Vorsitzenden, wirklich entsetzlich Leid …

Im Gestapo-Quartier ging es für Konrad eher glimpflich ab. Der Beamte, der ihn vernahm, war nur ein paar Jahre älter als Konrad und erstaunlich unbedarft. Er befahl Konrad, an der Tür zu warten, nahm stramme Haltung an und brüllte: «Wie das Gesetz es befiehlt!» – «Konrad Israel Latte!», meldete Konrad sich pflichtgemäß und durfte näher treten. Er wurde dann nicht viel gefragt. Nur, ob die

Mädchen mit ihm über ihre Fluchtabsichten gesprochen hätten, und ob er wisse, wohin sie gefahren seien. Konrad verneinte beide Fragen. Dann bemühte sich der Beamte, ein Protokoll über die Vernehmung anzufertigen, war aber sichtlich unfähig, das Ergebnis in vorzeigbare deutsche Sätze zu fassen. Kurz entschlossen diktierte Konrad ihm den Text des Vernehmungsprotokolls in die Schreibmaschine, las es anschließend sorgfältig durch, korrigierte noch rasch ein paar Rechtschreibfehler und unterschrieb. Dann durfte er gehen.

Tief erleichtert verließ Konrad das Amtszimmer. Unfreiwillig hatte der Beamte ihm einen Hinweis auf das Schicksal der beiden gegeben. Offenbar hatte die Gestapo nicht gemerkt, dass die zwei «Französinnen», die sie verhaftet hatte, die gesuchten Lasker-Mädchen waren. Die Aufmachung der beiden und ihr Französisch hatten die Beamten offenbar so stark beeindruckt, dass sie dem Fehler in den Ausweisen nicht nachgegangen waren – falls sie ihn überhaupt bemerkt hatten.

Was er erfahren hatte, bedeutete immerhin einen Aufschub für die beiden. Konrad dankte dem Himmel für die Eingebung, das Zyankali mit Traubenzucker zu vertauschen. Hätte er es nicht getan, wahrscheinlich wären die beiden Schwestern jetzt schon tot.

Aber das alles war zu viel für ihn, er wusste nicht wohin mit sich. In der Elisabethkirche, in der er Johannes Piersig vorgespielt hatte, kannte er einen Pfarrer, dessen Predigten ihn beeindruckt hatten. Wenn einem, dann würde er sich dem Pastor Joachim Konrath anvertrauen können. Der Pastor nahm sich Zeit für den innerlich aufgewühlten Besucher, dennoch fiel es Konrad schwer, in ein Gespräch mit ihm zu kommen. Alles, was der Kirchenmann sagte, klang ihm fremd, nach Schreibtisch und nach Predigt. Schließlich erzählte Konrad ihm die Geschichte von den Lasker-Mädchen, bat ihn jedoch, die Namen der beiden Mädchen gleich wieder zu vergessen. Er erschrak, als Dr. Konrath ihn regelrecht anfuhr.

Was denn gewonnen sei, wenn er, Konrath, das, was unbedingt gesagt werden müsse, so umschreibe, dass ihn die Gemeinde nicht verstehe. Man müsse das Unrecht schon beim Namen nennen, selbst wenn es die Freiheit oder den Kopf koste.

Konrads Respekt vor dem Pfarrer wuchs, als er am nächsten Sonntag die Geschichte, die er eben erzählt hatte, von der Kanzel hörte. «Unter uns leben Menschen», hörte er den Pastor sagen, «Deutsche wie wir, die die Obrigkeit gekennzeichnet und ausgestoßen hat. Der Gedanke dieser Kennzeichnung ist nicht neu. Schon einmal, vor ungefähr 400 Jahren, war unser Volk so tief gesunken. Tun wir nicht so, als wüssten wir nicht, wer heute von dieser Ausstoßung betroffen ist. Es sind die Besten unter uns.»

Und dann erzählte er, wenn auch ohne Namensnennung, von der Flucht und Verhaftung der Lasker-Mädchen, so bewegt und deutlich, dass alle, die sie kannten, begreifen mussten, von wem die Rede war. Daran, wie Christen solchen verfolgten Menschen begegneten, fuhr der Pastor fort, erkenne man, ob sie ihren Glauben wirklich lebten, den Glauben der Brüderlichkeit und der Nächstenliebe. «Täuscht euch nicht!», rief er der Gemeinde zu, «Gott lässt seiner nicht spotten!»

In der Kirche war es so still geworden, dass man eine Feder hätte zu Boden fallen hören. Konrad hatte das Gefühl, alle kennten ihn und würden ihn, den Zeugen der Geschichte, forschend anblicken. Nach Piersigs Vorspiel stimmte die Gemeinde den Choral «Wenn wir in höchsten Nöten sein» an.

Was sich tatsächlich im Breslauer Bahnhof abgespielt hatte, erfuhr Konrad erst viele Jahre später. Schon als sie auf dem Bahnsteig standen, spürten die Schwestern, dass etwas nicht stimmte. Da waren Männer in Zivilkleidung, die nicht wie Franzosen aussahen. Als Renate ihren Koffer bereits in einem Abteil verstaut hatte, stand Anita noch auf dem Bahnsteig und unterhielt sich mit den Krummes. Dann geschah es. Die Männer in Zivilkleidung gingen direkt auf Anita und ihre Freunde zu ... Gestapo, Sie sind verhaftet.

Einen Augenblick lang hoffte Anita, dass wenigstens Renate, die bereits im Zug saß, davonkäme. Aber die stieg aus, als sie sah, dass ihre Schwester verhaftet wurde, und stellte sich neben sie. Die beiden Mädchen wurden zur Bahnhofspolizei abgeführt und mussten warten. Endlos lange saßen sie in dem kahlen Zimmer. Irgendwann fiel Anita Konrads Zyankali ein, das sie in ihrem Strumpf versteckt und fast vergessen hatte. Ein paar Tage vor ihrer Flucht hatte sie es sich nicht verkneifen können, schon einmal an dem Röhrchen zu riechen. Das Pulver roch bitter und ein bisschen nach Marzipan, irgendwie nach Bittermandeln.

In einem kurzen Dialog verständigten sich die beiden Schwestern darüber, dass sie sich jetzt genau in der Situation befanden, für die das Röhrchen vorgesehen war. Anita zog es aus dem Strumpf und öffnete es unter dem Tisch, vor dem sie saßen. Den Inhalt schüttete sie, mit den Fingerspitzen die Menge abfühlend, in zwei gekniffene Stückchen Papier. Eines davon fingerte sie ihrer Schwester zu.

Wenig später kamen Gestapo-Männer mit ihren Hunden herein, um die Schwestern von der Bahnhofspolizei zum Hauptquartier zu begleiten. Der Wagen, der sie alle dorthin bringen sollte, kam jedoch nicht; die beiden Mädchen mussten mit ihren Bewachern und deren Hunden zu Fuß laufen.

An der Ecke Gartenstraße/Schweidnitzerstraße gaben Anita und Renate sich das verabredete Zeichen. Anitas Zunge berührte das Pulver. Der Geschmack war irgendwie falsch. Trotzdem war sie sicher, dass sie in wenigen Augenblicken ohnmächtig auf die Straße sinken würde.

Anita strauchelte oder sie bemühte sich zu straucheln, aber was war los? Ihre Augen verdrehten sich nicht, sie bekam keine Krämpfe, fiel nicht auf die Straße, geschweige denn in Ohnmacht – sie marschierte neben ihrer Schwester weiter.

Die Gestapo-Leute merkten nichts von dem versuchten Selbstmord der beiden «Französinnen». Sie lieferten sie wohlbehalten beim Hauptgebäude der Gestapo ab.

Anita und Renate kamen ins Gefängnis und spielten eine Zeit lang die Rolle der Französinnen erfolgreich weiter. Selbst ihre Wärterinnen versuchten, sich auf Französisch mit ihnen zu verständigen. Schließlich gaben die Schwestern ihre wahre Identität preis. Sie wurden nun in die «Judenzellen» verlegt und wegen «Urkundenfälschung – Feindesbeihilfe – und Fluchtversuch» angeklagt. «Eine für uns merkwürdige und groteske Anklage», kommentiert Anita Lasker-Wallfisch in ihrem Buch, «*Ihr* Feind war nicht *unser* Feind, und der Versuch, durch eine Flucht dem sicheren Tod zu entrinnen, schien mir ein merkwürdiges ‹Verbrechen› zu sein.»

Inzwischen versuchte Konrad, Genaueres über das Schicksal seiner Freundinnen herauszubekommen. Sicher wusste er nur, dass sie im Gefängnis saßen. Eines Tages fand er einen Brief im Kasten. Sie wisse nun, schrieb Anita, dass er mit seinen Zweifeln Recht gehabt habe, aber sie bereue nichts. Jetzt warte sie ruhig und gefasst darauf, was die Zukunft bringen werde …

Den beiden Schwestern wurde der Prozess gemacht.

Anita wurde zu achtzehn Monaten Gefängnis verurteilt. Renate, die als die Ältere in den Augen der Richter die größere Verantwortung trug, erhielt dreieinhalb Jahre Zuchthaus. Einige Monate später wurden Anita und Renate getrennt nach Auschwitz deportiert.

Wie die Schwestern erst Auschwitz, dann das Todeslager Bergen-Belsen überlebten, muss man in Anita Lasker-Wallfischs Buch nachlesen. Hier soll nur ein bürokratischer Irrwitz im scheinlegalen Verfolgungsapparat der Nazis festgehalten werden, der wahrscheinlich für das Überleben der beiden Schwestern mitentscheidend war.

Ihr Versuch, sich mit Hilfe von gefälschten Ausweisen der Deportation zu entziehen, war nach den Gesetzen der Nazi-Justiz ein Verbrechen. Weil er ein Verbrechen war, mussten die Schwestern angeklagt und vor Gericht gestellt werden. Durch das Strafverfahren waren die beiden Delinquentinnen aber vorläufig dem Zugriff der Gestapo entzogen. Von Stund an konnten sie nicht mehr einfach abgeholt werden; sie mussten sich zunächst vor einem Gericht verantworten und dann die verhängte Strafe verbüßen. Die Richter, die womöglich den Vater kannten, taten ihr Bestes, die Lasker-Mädchen so hoch wie möglich zu verurteilen – sie wussten, dass ihnen das Gefängnis am ehesten Schutz vor der Deportation und Vernichtung bot. Tatsächlich verzögerte der Prozess gegen die Schwestern und die anschließende Gefängnisstrafe die Deportation nach Auschwitz um eineinhalb Jahre.

An dieser Stelle erinnert man sich an Konrads Trotzsatz: «Und wenn wir nur eine Stunde gewinnen …» Wenn Renate und Anita nicht versucht hätten, mit gefälschten Ausweisen zu fliehen, so wären sie deswegen nicht angeklagt und verurteilt worden. Hätte der Aufenthalt im Gefängnis ihre Deportation nicht verzögert, hätte Anita wohl kaum als Cellistin im Frauenorchester von Auschwitz Zuflucht finden und ihre Schwester schützen können. Hätte Konrad den Inhalt des Röhrchens nicht ausgetauscht, hätten die beiden Schwestern weder das Gefängnis noch die Jahre in den Lagern danach erlebt …

Keiner dieser Umstände oder Zufälle ließ sich voraussehen, als die Schwestern sich zur Flucht entschlossen. Aber hätten sie diesen Entschluss nicht gefasst, so hätte keiner dieser Umstände oder Zufälle eintreten können.

Konrad sah Anita erst nach dem Kriege wieder, als er sie in Lüneburg besuchte. Dort sagte sie als Zeugin im Prozess gegen die Verantwortlichen des KZ Bergen-Belsen aus. Als sie sich umarmten, wusste er, wussten beide, dass er etwas zu erklären hatte. Im Nachhinein konnte er leicht sagen, dass er die Schwestern «zum Glück» getäuscht hatte. Aber eine Täuschung war es doch gewesen.

«Ich dankte ihm für den Zucker», schreibt Anita Lasker-Wallfisch in ihrem Buch.

Ein Satz von Rainer Maria Rilke –
und die Folgen

Einige Tage nach der Verhaftung der Lasker-Schwestern wurde Konrad während der Arbeit ins Büro des Chefs gerufen. Dort warteten zwei Männer in Zivil auf ihn, die ihn schweigend musterten. «Staatspolizei», sagte der eine schließlich. «Los, ziehen Sie sich an! Aber ein bisschen hurtig!»

Konrad rannte zum Frühstücksraum, in dem seine Sachen hingen. Während er sich umzog, fiel ihm ein, dass er wieder einmal keinen Stern an der Jacke hatte; auch seine Kennkarte mit dem großen «J» hatte er zu Hause gelassen. Zum Glück fand sich ein zerknitterter «Judenstern» in der Manteltasche, allerdings keine Sicherheitsnadel. Hastig suchte er im Frühstücksraum nach dem Utensil, fand schließlich eine Stecknadel, befestigte damit den Stern und lief zum Büro zurück.

Die Beamten schienen es nicht eilig zu haben. Inzwischen frühstückten sie mit dem Chef und unterhielten sich angeregt mit ihm. Sie beachteten ihn gar nicht und ließen ihn einfach neben der Tür stehen. Als sie fertig waren, verabschiedeten sie sich mit einem zackigen «Heil Hitler» und bedeuteten Konrad mit einer Kopfbewegung, dass er ihnen folgen solle.

Mit der Straßenbahn fuhren sie zum Gestapo-Quartier. Als sie ausgestiegen waren, schritten die Beamten unbeirrbar auf ein Haus zu, das Konrad in- und auswendig kannte: die jüdische Schule Am Anger 8. Dass die Geheime Staatspolizei ausgerechnet hier ihr Quartier aufgeschlagen hatte, machte ihm die Vollständigkeit der Vertreibung deutlich. Im zweiten Stock verschwanden die Beamten in einem der ehemaligen Klassenzimmer und befahlen Konrad, im Korridor zu warten. Über der einzigen Bank im Flur war ein Schild angebracht: «Polen, Zigeunern und Juden ist die Benutzung der Bänke strengstens untersagt.»

Endlose Zeit stand er vor der geschlossenen Tür. Die Stille in dem kahlen, von allen Zeichen jüdischen Lebens «gereinigten» Gebäude war ihm unerträglich. Durch diese Korridore war er mit seinen Klassenkameraden zum Hof gerannt – er glaubte, das Rufen und Schreien in den Pausen zu hören; durch diese Fenster hatte er auf die Synagoge geblickt. All diese Stimmen gab es jetzt nicht mehr; von der Synagoge war nichts mehr zu sehen. Sie war von den Nazis in Brand gesteckt worden.

Er überlegte, wie beunruhigt seine Eltern sein würden, wenn er ihnen am Abend von dem «Intermezzo» berichtete – mit diesem Wort würde er seine Festnahme bezeichnen. Daran, dass er ihnen abends davon erzählen könne, hatte er keinen Zweifel.

Irgendwann hörte er Schritte im Treppenhaus. In einer ungewissen Erwartung blickte er in den leeren Korridor, der Gestalt entgegen, die dort gleich auftauchen musste. Als er Herrn Hirschberg erkannte, wurde eine jähe Hoffnung in ihm wach. Trotz allem, was Herr Hirschberg ihm und seiner Familie angetan hatte – durch den Flügel, auf dem er inzwischen mit seinen beiden Kindern herumklimperte, war er irgendwie mit Konrad verbunden. Zumindest konnte Hirschberg vor seinen Kollegen bezeugen, dass er Konrad kannte, dass es keinerlei Grund für eine Vernehmung gab, dass alles ein Missverständnis war …

Mit einem Lächeln der Wiedersehensfreude lief Konrad ihm entgegen. Aber Herr Hirschberg sah Konrad an, als kenne er ihn gar nicht. Er erwiderte nicht einmal seinen Gruß. In diesem Augenblick verlor Konrad alle Hoffnung und wusste, dass von nun alles, auch das Schlimmste, möglich war.

Endlich, nach Stunden angstvollen Wartens, öffnete sich die Tür. Ohne ein Wort der Erklärung trat einer von den beiden Beamten auf Konrad zu und führte ihn auf die Straße. Auch über das Ziel ihres Fußmarschs ließ sich der Mann nicht aus; schweigend lief Konrad neben ihm her. Als sie in die Graupenstraße einbogen, wusste Konrad, wohin man ihn führte. Er kannte das Gebäude mit den vergitterten Fenstern, das jetzt gleich vor ihnen auftauchen würde.

Weshalb er denn ins Gefängnis müsse, fragte Konrad verzweifelt. Der Begleiter gab ihm keine Antwort. Er klingelte an der Gefängnispforte und beantwortete die Frage des Pförtners mit zwei Worten: «Ein Neu-Zugang.»

Die nächsten Stunden vergingen mit Aufnahmeformalitäten. Immer wieder andere Beamte nahmen seine Personalien auf, protokollierten, was er bei sich trug, befahlen ihm, sich auszuziehen, händigten ihm seine Sträflingskleidung mit Stern und seine Bettwäsche aus.

Am nächsten Morgen wurde er dem Untersuchungsrichter vorgeführt. Neben dem kleinen, ältlichen Mann war nur noch ein Gestapo-Beamter im Zimmer.

Der Untersuchungsrichter blickte nicht von seinen Ak-

58

ten auf, als er das Wort an Konrad richtete: «Ist Ihnen eine Anita Lasker bekannt?»

Konrad bejahte.

«Sie sind mit ihr verlobt?»

Konrad wies den Richter darauf hin, dass Anita sechzehn sei und er schon aus diesem Grund nicht mit ihr verlobt sein könne.

«Aber Sie wissen, dass Anita Lasker zusammen mit ihrer Schwester einen Fluchtversuch unternommen hat?»

Konrad gab zu, von ihrer Verhaftung gehört zu haben.

«Ihnen ist klar, dass das ein strafwürdiges Vergehen ist?»

Konrad tat so, als verstehe er die Frage nicht, die in Wirklichkeit seinen Sinn für Logik beleidigte. Denn er stellte sich die gleiche Frage, die Anita und Renate beschäftigt hatte: Wieso sollte der Fluchtversuch von zwei jüdischen Mädchen, an deren Verschwinden der deutsche Staat ein so dringliches Interesse gezeigt hatte, ein Vergehen sein?

Der Richter wurde ungeduldig.

«Renate und Anita Lasker waren dienstverpflichtet. Was sie getan haben, ist Arbeitssabotage! Sehen Sie ein, dass dieses Verbrechen bestraft werden muss?»

Konrad nickte.

«Warum schreiben Sie ihr dann, dass sie sich gegen diese ‹Willkür› zur Wehr setzen müsse?»

Nichts dergleichen habe er geschrieben, fuhr Konrad auf.

Der Richter entnahm seiner Akte ein Schriftstück und reichte es über den Tisch. Schon nach den ersten Zeilen erkannte Konrad, dass es sich um die Abschrift eines von ihm verfassten Briefes an Anita handelte. Eine Zeile in dem Brief war rot unterstrichen: ‹Erinnerst du dich? Irgendwo stößt die Willkür von selber ans Gesetz.›

Konrad kannte die Stelle mitsamt dem Kontext auswendig. Es handelte sich um ein – leider nicht durch Anführungszeichen gekennzeichnetes – Zitat aus einem Text von Rainer Maria Rilke, den Konrad gemeinsam mit Anita gelesen hatte.

«Haben Sie das geschrieben oder nicht?»

Der Satz stamme nicht von ihm, sondern von Rainer Maria Rilke, erwiderte Konrad.

«Sie geben also zu, dass Sie versucht haben, ihre Freundin zum Widerstand gegen die Staatsgewalt aufzuwiegeln?»

Konrad war von dieser Auslegung des Richters so verblüfft, dass er ein Auflachen nicht unterdrücken konnte – was ihm die Androhung einer Ordnungsstrafe eintrug.

Der österreichische Dichter hatte diesen Satz ja ganz ausdrücklich als einen Rat g e g e n jede Auflehnung formuliert. In seinem «Brief des jungen Arbeiters» hatte Rilke sich mit dem Problem der Macht auseinander gesetzt. Er hatte für seine Überzeugung gestritten, dass die Macht, «auch die boshafte, unberechtigte, willkürliche Macht» in dem Augenblick ihre Schrecken verliere, da man sich ihr freiwillig unterwerfe.

Dieser nicht eben rebellische Gedanke war Konrad und seiner Freundin, als sie sich auf die Flucht und deren mögliches Scheitern vorbereiteten, tröstlich erschienen. Und eben aus diesem Grund hatte er Anita in seinem Brief daran erinnert.

Aber der Richter las aus dem Rilke-Satz genau das Gegenteil heraus. Sein reflexhaft reagierendes Gehirn war an dem Reizwort «Willkür» hängen geblieben, und «Willkür» konnte nach seiner Logik nur Auflehnung, Meuterei und Revolution heraufbeschwören.

In möglichst einfachen Worten versuchte Konrad, dem Richter seinen Irrtum zu erklären. Er möge doch den Zusammenhang zur Kenntnis nehmen, bat er, und zitierte dann aus dem Kopf: ‹Irgendwo stößt die Willkür von selbst ans Gesetz, und wir ersparen Kraft, wenn wir ihr überlassen, sich selber zu bekehren … Im Innersten aber weiß ich, dass die Unterwerfung weiter führt als die Auflehnung; sie beschämt, was Bemächtigung ist, und sie trägt unbeschreiblich bei zur Verherrlichung der richtigen Macht.›

Der Richter gab zu erkennen, dass er sich von Konrad nicht belehren lassen wollte. Den Gedanken, dass jemand die Macht einer Willkürherrschaft mildern oder sogar außer Kraft setzen könne, indem er sich ihr unterwerfe, schien er für höchst verdächtig zu halten. Im Übrigen hatte er den Namen Rilke offenbar noch nie gehört.

Konrad versuchte es auf einem anderen Weg. Welchen Sinn es denn hätte haben sollen, fragte er, wenn er der einsitzenden Anita wirklich geraten hätte, sich nichts gefallen zu lassen und sich gegen «Willkür» aufzulehnen. Was sie in ihrer Zelle mit einem solchen Rat hätte anfangen können? Und ob sich ein halbwegs intelligenter Mensch, wenn es ihm denn auf diesen Rat angekommen wäre, nicht anders ausgedrückt hätte? Man wisse doch, dass Briefe an die Gefangenen mitgelesen würden!

Das letzte Argument schien den Richter halbwegs zu überzeugen. Vor einer Entscheidung wollte er sich den Band mit den Rilke-Briefen aus Konrads Wohnung kommen lassen.

Konrad wurde in seine Zelle zurückgebracht. In den folgenden Tagen wartete er vergeblich auf den Schließer, der ihm die Zellentür öffnen und ihn zur Pforte begleiten würde. Ob der Richter ihn ganz einfach vergessen hatte? Oder den Rilkesatz auch dann nicht verstand, als er den ganzen Brief nachgelesen hatte?

Er verbot es sich, die Tage und die Wochen zu zählen, hörte auf, irgendein halbwegs berechenbares Verfahren, irgendeine Regel oder Logik im Verfahren des Staates gegen ihn zu erwarten.

An einem Sonntag trat ein Wachmann in die Zelle. «Latte mit sämtlichen Sachen mitkommen.»

Während Konrad ihm folgte, versuchte er, die wilden Hoffnungen, die ihn bestürmten, niederzuhalten. Mach dir nichts vor, was immer sie jetzt mit dir vorhaben, entlassen wirst du jedenfalls nicht!

Umständlich gab man ihm seine Sachen zurück, zählte ihm die paar Mark, die er bei seiner Verhaftung in der Tasche gehabt hatte, penibel auf den Tisch – es fehlten fünfzig Pfennig. Der zuständige Beamte verglich den Betrag auf dem Tisch mit dem in seiner Liste, zählte und rechnete noch einmal nach, er fand den Fehler nicht.

Ob man die fünfzig Pfennig nicht einfach vergessen könne, fragte Konrad so leichthin wie nur möglich.

«Für wen halten sie mich!», fuhr ihn der Beamte an.

Eben noch rechtzeitig verkniff Konrad sich eine Antwort und blickte lieber schuldbewusst zu Boden. Denn das hatte er durch Herrn Hirschberg gelernt: Die Nazi-Beamten fanden nicht das Mindeste dabei, sich den Besitz deutscher Bürger anzueignen, sie aus ihren Wohnungen zu vertreiben und zu deportieren. Aber den Verdacht, sie könnten auch nur fünfzig Pfennig unterschlagen haben, ertrugen sie nicht.

Schließlich klärte sich das Fünfzig-Pfennig-Problem, von

dessen Lösung offenbar die Ehre des Beamten abhing, irgendwie auf, und die Türen nach draußen wurden aufgeschlossen. Ein Polizist begleitete Konrad zur Pforte. Aber selbst jetzt, als er schon die Geräusche der Straße hörte, unterdrückte Konrad den Impuls aufzuatmen. Was immer sie mit dir vorhaben, sie werden dich jedenfalls nicht nach Hause gehen lassen! Sie bringen dich nur woanders hin, zu einer neuen Vernehmung, in ein anderes Gefängnis, womöglich ins KZ!

«Was ist mit dem?», fragte der Pförtner den Polizisten.

«Der kommt nicht wieder», gab der zur Antwort.

Erst als sie auf der Straße standen, keinen Moment früher, teilte der Polizist Konrad mit, er könne jetzt nach Hause gehen. Am nächsten Morgen, früh um sieben, habe er wieder an seiner Arbeitsstelle zu erscheinen, hörte Konrad noch, sonst werde er gleich wieder aufgesammelt.

Konrad lief von dem Gefängnis weg, ohne sich umzusehen. Als der Polizist außer Sichtweite war, verdrückte er sich in einen Hausflur. Er löste den Judenstern von seiner Jacke – dass er nur mit einer Stecknadel befestigt war, war seltsamerweise unbemerkt geblieben –, stieg in die nächste Elektrische und fuhr nach Hause.

«Das Wiedersehen», schreibt Konrad in seinen Aufzeichnungen, «kann ich nicht schildern. Es war eine der schönsten Stunden meines Lebens. Vielleicht die schönste überhaupt.»

Am anderen Morgen erschien er pünktlich zur Arbeit in der Farbenfabrik. Alle wussten, dass er verhaftet worden war; niemand hatte offenbar damit gerechnet, dass er wiederkommen werde. Umso größer war nun das Erstaunen. Die Kollegen umringten ihn und wollten von ihm wissen, wie und warum er abgeholt worden und wie es ihm danach ergangen war. Konrad ließ sich nicht lange bitten; wohl eine Stunde lang stand er in der Mitte der Kollegen und erzählte. Sie sagten nichts, hörten scheinbar unbewegt zu, aber an ihrer Haltung wurde deutlich, wie sehr sie das Unrecht, das Konrad widerfahren war, missbilligten. Jeder versuchte auf seine Weise, ihm den ersten Arbeitstag nach der Haft zu erleichtern und ihn das Erlebte vergessen zu machen.

Jahre später, als bekannt wurde und nicht mehr zu bestreiten war, dass in den Konzentrationslagern sechs Millionen Juden ermordet worden waren, haben Historiker sich gefragt, wie es zu diesem einzigartigen Verbrechen kommen konnte. Ob es unter den Deutschen einen einzigartigen, besonders mörderischen Antisemitismus gegeben habe. Was seine eigene Erfahrung angehe, so erklärt Konrad, «kann ich nicht behaupten, dass der so heftig gepredigte Antisemitismus während des Dritten Reiches besonders populär gewesen wäre ...»

Flucht nach Berlin

Die nächsten Wochen verbrachten Konrad und seine Eltern in ständiger Ungewissheit und Furcht. Als ambulanter Vertreter und Gelegenheitsanwalt wusste Manfred Latte über die Vertreibungen in der Stadt besser Bescheid als viele andere. Inzwischen lebten nur noch einige hundert Juden in der Stadt, und seit Wochen machten Gerüchte über einen neuen Transport die Runde. Es war so gut wie sicher, dass die Familie Latte auf der nächsten Liste stand.

Der Vorsitzende der Jüdischen Gemeinde wohnte nur wenige Häuser vom jüdischen Friedhof entfernt. Wenn einer, so würde er wissen, wann die endgültige Liste zu erwarten und wer davon betroffen war. Manfred Latte fragte ihn danach, aber er bekam keine klare Antwort. Konrad konnte den Zustand der Ungewissheit immer weniger ertragen. Fast wünschte er sich, dass es endlich so weit wäre, dass Gewissheit herrschte und man sich endlich entscheiden müsste.

Ende Februar des Jahres 1943 wurde er während der Arbeit ans Telefon gerufen. Seine Mutter fasste sich kurz: «‹Onkel› Ernst ist krank geworden. Kannst du gleich zu ihm hingehen?»

Er wusste, was diese Sätze bedeuteten: das Signal zur

Flucht. Unter einem Vorwand nahm er sich Urlaub und machte sich auf den Weg zu ‹Onkel› Ernst. Dort fand er, blass und nervös, seine Eltern. Seit April 42 war Juden der Besuch von «Ariern» in deren Wohnung verboten. Es war nicht viel, was sie zu erzählen hatten. Am Morgen war ein Radfahrer bei den Lattes vorbeigefahren und hatte ihnen zugerufen: «Macht, dass ihr wegkommt! In der Stadt holen sie wieder Juden ab.» Seine Eltern hatten rasch zusammengerafft, was sie in der Eile greifen konnten, und Minuten später das Haus verlassen. Aber wie weiter? Konrad saß da in seinem bekleckerten Arbeitskittel aus der Farbenfabrik – nicht gerade eine ideale Tarnung auf dem Weg in den Untergrund. ‹Onkel› Ernst, so hoffte er, würde sicher einen Mantel im Schrank haben, den er überziehen könnte.

Aber der sonst so findige, stets beredte und gewandte Familienfreund war plötzlich wie verwandelt. Ganz offensichtlich war er in Panik und fürchtete, dass die Gestapo jeden Augenblick in seiner Wohnung auftauchen werde. Die Eltern Latte hatten bei ihm Wertsachen hinterlegt. Als sie ihn nun danach fragten, konnte ‹Onkel› Ernst den Schlüssel zum Sekretär nicht finden und erwartete Zustimmung zu seiner Ansicht, dass ihm ein Aufbrechen des teuren Möbels nicht zuzumuten sei. Im Übrigen machte er kein Hehl daraus, dass ihm das ganze Fluchtunternehmen der Familie innerlich zuwider sei. In Situationen wie dieser, verkündete er, erkenne man die Größe und die Überlegenheit des christlichen Glaubens. Denn ein überzeugter Christ würde ohne Murren sein Kreuz auf sich nehmen.

Konrad unterdrückte seine Wut und Enttäuschung über solche Ausflüchte; mit aller Entschiedenheit wiederholte er seine Bitte nach einem Mantel. Zögernd öffnete ‹Onkel› Ernst seinen Kleiderschrank. Er besitze nur einen Mantel, den er selber brauche, erklärte er, aber er könne Konrad mit einem Jackett dienen. Lange wählte er unter einer stattlichen Auswahl von Jacketts und zog schließlich eine abgetragene Jacke vom Bügel. Sie bedeckte freilich nur die obere Hälfte von Konrads Arbeitsanzug; die bekleckerten Hosenbeine unter der Jacke wirkten nur umso auffälliger.

Was mit dem anderen Mantel sei, fragte Konrad und deutete auf einen Gummimantel ganz hinten im Schrank. Den könne er leider nicht hergeben, erwiderte ‹Onkel› Ernst, den habe ihm ein gemeinsamer Freund, Werner Krumme, wenige Tage vor seiner Verhaftung anvertraut. Und was ein Freund zur Aufbewahrung hinterlasse, das wisse Konrad, sei nun einmal heilig. Konrad verbarg seine Bitterkeit und heuchelte Zustimmung. Zweifellos wusste der «Aufbewahrier» Ernst genauso gut wie Konrad, dass Werner Krumme nach seinem Mantel nicht mehr fragen konnte.

Als ‹Onkel› Ernst wieder im Gespräch mit seinen Eltern war, ging Konrad heimlich zurück ins Schrankzimmer, griff sich den Gummimantel, rollte ihn zusammen und steckte ihn in seine Aktentasche.

Konrad und seine Eltern hatten längst besprochen, dass sie keinesfalls in Breslau untertauchen konnten. Wenn überhaupt, so würden sie nur in einer Millionenstadt wie Berlin überleben, wo sowohl Manfred wie Margarete Verwandte hatten. Aber bevor sie sich auf den Weg dorthin machen konnten, waren noch eine ganze Reihe von Vorbereitungen zu treffen. Margarete schlug vor, einstweilen bei Frau Scholz Zuflucht zu suchen.

Frau Scholz hatte für Lattes die Wäsche gewaschen, als es «Ariern» noch erlaubt war, für Juden zu arbeiten. Mit Margarete verband sie ein langjähriges Vertrauensverhältnis. Oft hatte die Waschfrau mit ihrer Arbeitgeberin über ihre nie endenden Sorgen mit ihrem Mann, einem Trinker, und ihren vier Kindern gesprochen. In Margaretes Briefen an die Freundin Raja werden ihre Leiden mit rührender Regelmäßigkeit angesprochen; für sie gehörte Frau Scholz zum Kreis derer, für deren Wohlergehen sie sich verantwortlich fühlte. Sie war sich sicher, dass Frau Scholz der Familie Unterschlupf gewähren würde.

Als die drei Flüchtlinge die Treppen der Mietskaserne bis unters Dach emporgestiegen waren, stellten sie fest, dass Frau Scholz nur eine Wohnküche und eine kleine Kammer bewohnte. Auf den ersten Blick schien es unmöglich, dass sie dort unterkamen.

Frau Scholz beruhigte sie; sie sollten sich erst einmal setzen, sie werde schon eine Lösung finden.

So saß die Familie denn um den Küchentisch ihrer ehemaligen Waschfrau und beratschlagte das weitere Vorgehen. Zuerst mussten sie ihren Namen wechseln. Eigentlich konnte es nicht schwierig sein, unter den Millionen deutschen Namen einen unverfänglichen Tarnnamen zu finden. Aber in ihrer Aufregung erschien den Lattes jeder Name verräterisch; die häufigen Namen kamen ihnen verdächtig vor, weil sie häufig waren, die ausgefallenen, weil sie ausgefallen waren. Nach langem Hin und Her einigten sie sich auf den Namen «Bauer». Danach verschafften sie sich eine Übersicht über die Dinge, die sie bei sich hatten. Konrads Mutter hatte außer einem Pfund Graupen nur ihre Zahnbürste und ein Zigarrenkistchen eingesteckt, in dem sie ihre Lebensmittelmarken und ihre Schlafmittel aufbewahrte. Selbst ihren Trauring hatte sie in der Küche liegen gelassen; sie war gerade beim Abwaschen gewesen, als der Radfahrer vorbeigekommen war. Die Lebensmittelmarken waren ab sofort wertlos; auf jedem Abschnitt war das fette rote J aufgedruckt. Konrads Vater hatte vierhundert Mark dabei und ein Exemplar der *Berliner Illustrirten* – alle drei mussten lachen, als sie ihre Habseligkeiten vor sich auf dem Tisch sahen.

Den nächsten Tag blieben sie bei Frau Scholz. Einmal wagte sich Manfred Latte nach draußen und lief ausgerechnet dem Vorsitzenden der Jüdischen Gemeinde über den Weg. Mit kummervoller Miene sah er Konrads Vater an und beschwor ihn, mit seiner Familie in das Verwaltungsgebäude des Jüdischen Friedhofs zurückzukehren. Manfred Latte lief rasch weiter. Er wusste, was die Flucht seiner Familie für den Vorsitzenden bedeutete. Wenn ein Name in der Deportationsliste fehlte, so oblag es ihm, eine « Ersatzfamilie » zu benennen.

Sie verließen die Wohnung einen Tag später, als sie sich in der Deportationsstelle melden sollten. Eine norwegische Freundin stattete Konrads Mutter mit einem Trauerkleid aus und schenkte ihr ein paar Lebensmittelmarken. Konrad besorgte sich ein Arbeitsfront-Abzeichen mit dem Hakenkreuz und vergaß nicht, die Ampulle mit dem Zyankali mitzunehmen. Zum Schluss schrieb Manfred Latte einen Brief an den Vorsitzenden der Jüdischen Gemeinde.

‹Sehr geehrter Herr Dr. Kohn,

die Ereignisse der letzten Jahre und die Aussicht auf das noch Bevorstehende haben uns in so tiefe Verzweiflung gestürzt, dass wir beschlossen haben, freiwillig aus dem Leben zu gehen. Ich bitte Sie hiermit, die Geheime Staatspolizei von unserem Entschluss zu unterrichten. Ihnen und Ihrer Familie wünsche ich das Beste für Ihr ferneres Leben …›

Dem Brief waren die drei Ausweise der Familie beigelegt.

Für die Flucht nach Berlin wählten sie nicht den Schnellzug, sondern den nächtlichen Personenzug. Sie hatten gehört, dass dieser Bummelzug, der fast in jedem Bahnhof hielt, nur selten von Wehrmachts- und Polizeistreifen kontrolliert wurde. Jedes Abteil hatte Außentüren, die es erlaubten, direkt aus dem Abteil zum Bahnsteig auszusteigen. Als der Zug auf dem Bahnhof in Breslau einfuhr, trennten sie sich – jeder stieg in ein anderes Abteil. Es war der 1. März 1943.

Die Fahrt nach Berlin kam Konrad endlos lang vor. Die fröhlichen Fahrgäste in seinem Abteil kümmerten sich nicht um ihn, und er verspürte keine Neigung, mit ihnen ins Gespräch zu kommen. Jedes Mal, wenn der Zug in einen Bahnhof einfuhr, wünschte er sich allerdings, sie wären weniger laut gewesen. Er horchte angestrengt nach draußen, ständig gefasst auf das Geräusch von Stiefelschritten, von jaulenden Hunden. Offenbar war er der Einzige im Abteil, der solche Geräusche zu fürchten hatte. Nach jedem neuen Anfahren des Zuges spürte er so etwas wie ein Glücksgefühl. Zwar hatte er, wenn er seine Lage bedachte, kaum einen Grund zur Zuversicht. Zumindest hatte er sich und seine Eltern vor dem Gang zur Deportationsstelle bewahrt. «Und wenn wir nur eine Stunde gewinnen», hatte er gesagt ... Inzwischen fuhren sie schon ein paar Stunden.

«Hier können Sie
erst einmal bleiben!»

Als der Zug am Bahnhof Zoo eintraf, stand die Stadt in Flammen. In der Nacht hatten britische Bomber einen Großangriff auf Berlin geflogen. Die Luft war voll von Staub und Rußpartikeln, ein Geruch von Verbranntem hing über der Stadt. Durch die menschenleeren Straßen fuhren vereinzelte Löschzüge, Fußgänger und Fahrradfahrer hasteten hin und her, Taxis oder Straßenbahnen fuhren nicht.

Zu Fuß schlugen sich die Lattes zur Wohnung von Manfreds Schwester am Prager Platz durch. Das Mietshaus war unbeschädigt, aber die Tür zur Wohnung war versiegelt. Den drei Flüchtlingen war klar, was der Stempel bedeutete. Ihre Verwandten waren von der Gestapo abgeholt worden. Konrad und seine Eltern wussten nicht, wo bleiben, wo essen und wo schlafen. In ihrer Not rief Konrads Mutter eine Bekannte in Pommern an: Ursula Teichmann. Sie versprach, sofort zu kommen, konnte freilich nicht voraussagen, wann sie in Berlin eintreffen würde – auf Fahrpläne war kein Verlass mehr. Am anderen Morgen traf Frau Teichmann in Berlin-Zoo ein, mit einem Rucksack voller Kartoffeln und Lebensmittel und mit einer Telefonnummer, die sich als lebensrettend erweisen würde.

Einstweilen jedoch musste die Familie irgendwo unterkommen. Konrads Mutter hatte die Adresse eines Cousins in Berlin-Schöneberg. Curt Weiss war verzweifelt, als er die Verwandtschaft aus Breslau vor der Tür stehen sah. Beim besten Willen konnte er die drei nicht in seine Wohnung aufnehmen. Wie Werner Krumme lebte er in einer so genannten Mischehe mit seiner «arischen» Frau Gertrud und war selbst hoch gefährdet.

Erst vor wenigen Tagen war er von der Gestapo im Zuge der «Fabrikaktion» festgenommen worden.

Die «Fabrikaktion» war eine Erfindung des nationalsozialistischen Propagandaministers. Goebbels' Ehrgeiz war es, dem Führer zu seinem Geburtstag am 20. April 1943 melden zu können, Berlin sei endgültig «judenfrei». Auch die bisher verschonten jüdischen Ehemänner «arischer» Frauen sollten aus der Hauptstadt des tausendjährigen Reichs deportiert werden. Er schickte die Gestapo aus, um die letzten Juden Berlins in ihren Werkstätten, Fabriken und Wohnungen festzunehmen. Und so geschah es. Unter den Augen ihrer arischen Kollegen wurden etwa 1700 jüdische Ehemänner «deutscher» Frauen am Arbeitsplatz verhaftet und in eine Sammelstelle in der Rosenstraße eingeliefert.

Der Propagandaminister stieß auf Widerstand – und zwar auf eine Art von Widerstand, auf die er keine Antwort wusste.

Die Ehefrauen der Verhafteten verabredeten sich vor der Sammelstelle und verlangten die sofortige Freilassung ihrer Männer. Über eine Woche lang demonstrierten mehr als tausend Frauen in der Rosenstraße, blockierten den Eingang zu der Sammelstelle und wichen nicht von der Stelle. Ein solcher Aufstand war Goebbels und seinen Schergen noch nie vorgekommen. Sie wussten nicht, was sie tun sollten. Auf protestierende deutsche Männer hätten sie wahrscheinlich das Feuer eröffnet, aber auf deutsche Frauen schießen? Am Ende wurden sämtliche Verhafteten entlassen. Es war die einzige größere Protestaktion gegen die Verfolgung der Juden in zwölf Jahren Nazi-Diktatur.

Auch Curt Weiss war in der Rosenstraße eingeliefert und anschließend wieder freigelassen worden. Selbstverständlich mussten er und seine Frau ständig mit einem Besuch der Gestapo rechnen. Unmöglich konnte er die dreiköpfige jüdische Verwandtschaft aus Breslau beherbergen. Aber er kannte eine junge Schauspielerin namens Ursula Meißner, die Tochter eines Freundes, die allein die große Wohnung ihrer Eltern am Prenzlauer Berg bewohnte.

Die Zwanzigjährige, die am Preußischen Staatstheater unter Gustaf Gründgens spielte, zögerte keinen Augenblick, als sie den Lattes die Tür öffnete. «Hier können Sie erst einmal bleiben!», begrüßte sie die drei.

Sie sagte nicht, «einer kann bleiben», oder «zwei Tage könnt ihr bleiben», oder «höchstens zwei Wochen könnt ihr bleiben». Sie nannte überhaupt keine Bedingung.

«Es war das erste und das letzte Mal», erinnert sich Konrad Latte, «dass wir den Luxus genossen, uns alle drei unter einem Dach verstecken zu können. Später haben wir das niemandem mehr zugemutet, wir haben uns getrennt.»

Als ich die 78-Jährige, die mit ihrem Gatten, dem ehemaligen griechischen Botschafter Calogeras, in Genf lebt, fragte, warum sie einer bedrohten Familie, die sie gar nicht kannte, Unterschlupf gewährte, erwiderte sie verwundert: «Das war doch klar!» Ob sie sich denn der Gefahr bewusst gewesen sei, in die sie sich begab? «An die Risiken», erwiderte Frau Meißner, «habe ich nicht gedacht.» Nein, sie habe weder damals noch später Kontakt zu einer Widerstandsgruppe gehabt – «leider!», fügte sie hinzu, «vielleicht war ich zu unbedeutend, oder ganz einfach zu jung, ich sah immer jünger aus, als ich war.»

Die Spontaneität und Rückhaltlosigkeit des Hilfsangebots von Frau Meißner mag verblüffen. Und selbstverständlich löst es Zweifel und Fragen aus bei all denen, die in ähnlichen Situationen ihre Hilfe verweigert haben. Wie konnte jemand so naiv sein? War Ursula Meißner über die Gefahren nicht informiert? War sie Curt Weiss etwas schuldig?

Wie kommt jemand dazu, sein Leben und seine Freiheit für bedrohte Mitmenschen zu riskieren, die er nicht einmal kennt?

Inzwischen gibt es Berge von soziologischen, psychologischen, anthropologischen Untersuchungen, die dieser Frage nachgehen. Was befähigt einige Menschen dazu, ihrem stärksten Trieb, dem Überlebensinstinkt, zuwiderzuhandeln? Fehlt ihnen etwas? Handelt es sich um Heilige? Sind sie besonders naiv, besonders indoktriniert oder nicht ganz dicht?

Die meisten Erklärungen für dieses rätselhafte Verhalten verfehlen das Entscheidende. Die Auskunft von Frau Meißner unterscheidet sich nicht im Mindesten von der Antwort, die Hunderte von anderen Helfern gegeben haben: Da war jemand, der Hilfe brauchte; über die Risiken hat man später nachgedacht. Die wenigsten der Helfer haben denn auch nachträglich irgendein Aufhebens von sich gemacht, geschweige denn ihre Anteilnahme als Widerstandsaktion ausgegeben. Die aus Anne Franks Tagebuch bekannte Miep von Santen bekannte später: «An mir ist nichts Besonderes. Im Rampenlicht wollte ich nicht stehen. Ich tat nur, worum ich gebeten wurde und was jeweils notwendig erschien.» Es war keineswegs eine Blindheit gegenüber den Risiken, die Miep von Santen und andere zur Hilfe befähigte. Es war der Umstand, dass sie zuerst die Notlage der Gefährdeten sahen, dann erst die Gefahr, in die sie selber mit ihrem Hilfsangebot gerieten. Keiner von ihnen hat bewusst den Verlust des eigenen Lebens in Kauf genommen. Aber alle waren spontan bereit, aus Mitgefühl und auch ihrer Selbstachtung zuliebe ein Risiko auf sich zu nehmen, das sie dann, so gut es ging, zu begrenzen suchten. «Man will doch morgens noch in den Spiegel schauen können», erklärte Frau Meißner.

In einem Brief an den Autor hat Ursula Meißner ihre Motive so zusammengefasst: «Ich war Deutsche. Was in meinem Land zur Hitlerzeit geschah, hat mich tief, tief, tief beschämt. Ich konnte es nicht gutmachen, aber ich musste ja auch nicht mitmachen … Jede mögliche Bestrafung wäre an mir abgeglitten wie Wasser an Vogelfedern, denn ich wusste, ich hatte recht gehandelt.»

Für selbstverständlich hielt es Frau Meißner auch, dass sie beim Bombenalarm mit ihren Schützlingen vorschriftswidrig in der Wohnung blieb. Im Luftschutzkeller wären ihre «Gäste» zu sehr aufgefallen.

Die Risikobereitschaft von Ursula Meißner hatte freilich eine Vorgeschichte. Schon in der Schule hatte sie den Nazi-Lehrern und ihren Angeboten den Respekt versagt. In ihrer Klasse war sie die einzige Schülerin gewesen, die sich geweigert hatte, in den «Bund Deutscher Mädel» (BDM) einzutreten. Das schmerzte ihren Klassenlehrer vor allem deswegen, weil Ursula Meißner eine hervorragende Sportlerin war. Als der Direktor sie nach den Gründen ihrer Weigerung fragte, gab sie die Auskunft: «Dort gefällt es mir nicht.» Zu ihrer eigenen Verblüffung gab er sich mit dieser knappen Antwort zufrieden. Allerdings hätte die selbstbewusste Schülerin sich diese und andere Respektlosigkeiten wohl kaum geleistet, wäre sie sich der Unterstützung ihrer Eltern nicht sicher gewesen. Zu ihrer Konfirmation hatte ihr ein jüdischer Freund ihres Vaters *Knaurs Weltlexikon* zuschicken lassen. Der Buchhändler hatte sich als Denunziant entpuppt und der Gestapo gemeldet, die Familie lasse sich von einem Juden Bücher schenken. Prompt wurde Ursulas Vater von seinem Vorgesetzten angewiesen, das Geschenk zurückzuschicken. Der Vater, ein preußischer Beamter, weigerte sich und handelte sich damit einen Eintrag in seine Personalakte ein. Außer diesem Rüffel hatte seine Unbotmäßigkeit keine weiteren Folgen.

Allerdings wusste die junge Ursula Meißner auch, dass sie sich mit ihrer Verweigerungshaltung auf einem dünnen Seil bewegte. Ein Halbbruder ihres Vaters war ins KZ gekommen, weil er «seinen Mund zu weit aufgerissen hatte».

Die Wohnung in der Schivelbeiner Straße war für die Familie Latte die erste Station ihres Lebens im Untergrund. Eine Zeit lang konnten sie sich von den Mitbringseln ernähren, die Ursula Teichmann im Rucksack aus Pommern nach Berlin transportiert hatte. Später waren sie ganz und gar auf die Großzügigkeit ihrer «Wirtin» angewiesen.

Ursula Meißner hatte ihre drei Gäste im Haus als «ausgebombte Freunde» vorgestellt. Die Geräusche in der Wohnung ließen sich von interessierten Nachbarn sowohl von oben wie von unten verfolgen. Und an solchen Nachbarn herrschte kein Mangel. Es war auch nicht gerade

76

günstig, dass die noch ungeübten Untergetauchten viel zu oft «auftauchten» und bei Tageslicht die Wohnung verließen. Es dauerte nicht lange, bis Ursula Meißner von einer Anwohnerin angesprochen wurde: «Ihre ausgebombten Freunde sehen aber ziemlich jüdisch aus!» Für die Familie Latte war diese Bemerkung im Hausflur das Signal für sofortiges Verschwinden. Von einer Stunde auf die andere waren die drei auf die Hilfe eines anderen Unbekannten angewiesen: auf Pfarrer Harald Poelchau, dessen Telefonnummer ihnen ihre Freundin aus Mecklenburg hinterlassen hatte.

Harald Poelchau und sein «Laden» im Gefängnis Berlin-Tegel

Frau Teichmann hatte den drei Flüchtlingen eingeschärft, sich mit «Bauer» vorzustellen, wenn sie die Nummer gewählt hatten, und nur weiterzureden, wenn sich die Stimme am anderen Ende mit dem Namen «Tegel» melden würde.

Der Deckname «Tegel» kam ihnen zuerst absurd vor. Wie sollte er jemanden tarnen, der im gleichnamigen Nazi-Gefängnis als Pfarrer angestellt war? Aber eben dies war Poelchaus wohl überlegter Trick. Er spekulierte darauf, dass ausgerechnet der meistbenutzte Name im Gefängnis Tegel den besten Schutz bot. Was sollte ein Abhörer der Gestapo dabei finden, wenn sich der Gefängnispfarrer – statt mit seinem eigenen Namen – mit dem der Institution meldete, bei der er angestellt war?

Konrads Vater rief die Nummer. «Tegel», meldete sich eine entspannte männliche Stimme und verabredete sogleich einen Termin. Als «Tegel» ihm jedoch die Adresse nannte, fuhr Manfred Latte der Schreck in die Glieder: das Gefängnis Tegel. Er solle dem Pförtner sagen, dass er von Pfarrer Poelchau bestellt sei, unterwies ihn «Tegel», der Pförtner werde sie ohne Umstände einlassen.

Konrad schlug das Herz bis zum Hals, als sie am Eingang des gewaltigen Gefängnisbaus standen. Es war noch nicht so lange her, dass er ein ähnliches Gebäude, allerdings von weit kleinerem Umfang, mit knapper Not verlassen hatte. Brauchte man tatsächlich keinen Ausweis vorzuzeigen, um hier eingelassen zu werden? Und würde man aus dieser Festung je wieder herauskommen?

Aber alles spielte sich genau so ab, wie «Tegel» es beschrieben hatte. Der Pförtner fand den Namen Bauer auf der Liste, er öffnete die erste, dann die zweite Sicherungstür, und drin waren sie.

Das Amtszimmer des Pfarrers lag etwa 300 Meter von der Pforte entfernt in einem Innengebäude des Riesenkomplexes und war ebenfalls durch Türen und Gitter gesichert – «ein besonders guter Ort für solche Besprechungen», bemerkt Harald Poelchau in seinen unveröffentlichten Aufzeichnungen ‹Helfen verboten!› Die meisten «Illegalen», die er dort empfing, litten an dem Gefühl, verfolgt und beobachtet zu werden. In Poelchaus Amtszimmer hinter den Gefängnismauern waren sie vor allen unerbetenen Begleitern sicher. Durch die Pforte kam nur herein, wer vom Gefängnispfarrer beim Pförtner namentlich «bestellt» worden war.

Poelchaus Mut und Unbekümmertheit erscheinen heute beinahe unfassbar. Tegel war das Gefängnis, in dem die Nazi-Behörden ihre zum Tode verurteilten Regimegegner bis zum Tag der Vollstreckung festhielten. Zur gleichen Zeit gingen in Poelchaus «Laden», wie er sein Amtszimmer liebevoll nannte, Verfolgte ein und aus, die Poelchau mit Lebensmittelmarken, Geld, Adressen und mit Jobs versorgte.

Konrad Latte erinnert sich an den Spruch, der in Poelchaus «Laden» an der Wand hing: Der Führer raucht nicht, der Führer trinkt nicht, der Führer arbeitet von früh bis spät für das Wohl des Deutschen Volkes. Machen wir ihm nach, was wir ihm nachmachen können!

Auch Poelchau rauchte nicht und trank nicht, aber er gab den drei Flüchtlingen sofort zu verstehen, was *er* unter dem Wohl des deutschen Volkes verstand. Er stattete sie mit Geld aus und, was noch wichtiger war, auch mit Lebensmittelmarken, die er bei Gleichgesinnten gesammelt hatte. Ohne Lebensmittelmarken konnte man im Kriegsjahr 1943 nicht einmal ein Stück Brot oder Fett ergattern.

Harald Poelchau ist eine der faszinierendsten Gestalten des zivilen Widerstands. 1933, im Jahr der Machtergreifung Adolf Hitlers, hat er sein Amt als Gefängnispfarrer in der Haftanstalt Tegel angetreten und es bis zum Ende des «Tausendjährigen Reiches» versehen. Als Gefängnispfarrer hatte er von Anfang an Kontakt zu fast allen verhafteten Widerstandskämpfern und kannte genauer als die meisten Deutschen die mörderische Seite des Regimes. Mehr als tausend politische Gefangene hat er im Lauf seiner Amtszeit auf ihrem letzten Gang begleitet.

Als Geistlicher genoss er eine relative Unantastbarkeit, die er sich entschlossen zunutze machte. Er kümmerte sich nicht nur um das seelische, sondern auch um das leibliche Wohl seiner Schützlinge in den Zellen. Dort erschien er meist mit gefüllten Taschen und einer Aktentasche, aus denen er Lebensmittel, aber auch Botschaften von Angehörigen und verhafteten Gesinnungsgenossen zutage förderte. Einmal wurde er angezeigt. Von diesem Zeitpunkt an ging er ohne Aktentasche und versteckte Wurst, Käse, Eier und Honig in seiner Jacke zwischen Tuch und Futter.

1 Konrad Latte an seinem Hochzeitstag, 28. April 1945 – Hitler heiratete erst einen Tag später.

2 Gabi und Konrad Latte mit Puppe Lisel in Breslau, ca. 1930

3 Margarete, Gabi und Konrad Latte, ca. 1937

4 Gabi Latte
und Anita Lasker auf
einem Klassenausflug,
ca. 1935

5 Ruth und
Werner Krumme,
ca. 1940

6 Margarete und Manfred Latte nach dem Tod ihrer Tochter Gabi, 1939 in Berli

7 Curt und
Gertrud Weiss
mit Sohn
Klaus

8 Ursula Teichmann und Tochter Ulrike

9 Ludwig
Lichtwitz mit
seinem
Neffen Heinz,
ca. 1936

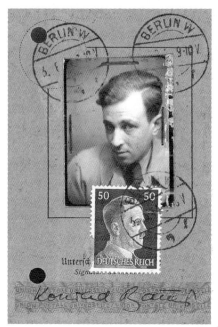

Unterſch DEUTSCHES REICH
Sigmun...........

Konrad Bauer

10 Konrad Lattes
Postausweis aus dem
Jahre 1944

Poſtausweiskarte
Nr. 617
CARTE D'IDENTITÉ POSTALE

gültig bis zum *2 Juni* 19 47
valable jusqu'au

Name: *Bauer*
Nom:
Vorname: *Konrad*
Prénoms:
Beruf: *Pianist*
Profession:
Staatsangehörigkeit: *Deutscher*
Nationalité:
Wohnort: *Berlin W50*
Domicile:

Ausgestellt von dem Postamt
Delivrée par le bureau ou le service

Berlin W9

am *Juni* 19 44

Der Vorsteher:
le chef du service:

11 Ursula Meißner,
Schauspielerin am
Preußischen Staatstheater
in Berlin

12 Edwin Fischer,
einer der berühmtesten
Pianisten seiner Zeit

13 Komponist Gottfried von Einem

14 Tatjana Gsovsky, Tänzerin und Choreographin

15 Harald Poelchau,
Gefängnispfarrer in
Berlin-Tegel

16 Gertie Siemsen,
Mitarbeiterin von Harald
Poelchau

17 Anne-Lise Harich und Tochter Gisela, 1943

18 Leo Borchard, erster Dirigent der Berliner Philharmoniker nach 1945.
Er baute das Orchester nach dem Krieg wieder auf.

19 Ruth Andreas-Friedrich, Verfasserin des Buches *Der Schattenmann* und Lebensgefährtin von Leo Borchard

20 Karl Pehl, Kaplan am Dom zu Frankfurt am Main, ca. 1943.

21 Die Sopranistin Ellen Brockmann, 1942

22 Ellen und Konrad Latte heute in ihrem Haus in Berlin

Aber auch in der Zweieinhalb-Zimmer-Wohnung in der Afrikanischen Straße, die Poelchau mit seiner Frau Dorothee und dem Sohn Harald bewohnte, gingen Verfolgte ein und aus. Wenn sie – wie die Familie Latte – mit einer zuverlässigen Empfehlung kamen, zögerte er nicht, sie zu beraten. Wie aber, wenn sie sich auf jemanden beriefen, den Poelchau gar nicht kannte? Wenn er fürchten musste, dass sie Spitzel der Gestapo waren, die durch einen Fehler oder Verrat Wind davon bekommen hatten, dass er Verfolgten half, wo er konnte?

Harald Poelchau verließ sich auf seinen Instinkt. Er hat manchmal auch Menschen Schutz gewährt, die sich auf «gemeinsame Bekannte» beriefen, von denen er nie gehört hatte. Wenn er von ihrer Notlage überzeugt war, brachte er sie die eine oder andere Nacht sogar in seiner Wohnung unter. Das Hauptproblem bei solchen Notfällen waren die Fliegerangriffe, die alle, auch die Versteckten, zwangen, sich in die Luftschutzkeller zu begeben. In jedem Haus gab es einen Luftschutzwart, der befugt war, jede Wohnung zu kontrollieren. Wer nach der Sirenenwarnung in seiner Wohnung blieb, machte sich strafbar; die Wohnungen mussten zugänglich sein und durften nicht abgeschlossen werden. Um Entdeckungen vorzubeugen, hatte Pfarrer Poelchau sich für seinen Treppenaufgang als Luftschutzwart nominieren lassen. So hatte kein anderer das Recht, nach einem Bombenalarm seine Wohnung zu betreten.

Von den überlebenden Zeugen jener Zeit wird Poelchau als ein praktisch denkender und zupackender Mann mit einem mozartisch heiteren Geist beschrieben. «Das Wunderbare an Poelchau war», erzählt Konrad Latte, «dass er so gar nichts Pfarrerhaftes an sich hatte.» Notfalls habe Poelchau auch durchaus kriminelle Energien entfaltet.

Um seinen zum Tode verurteilten Freund Helmuth James Graf von Moltke zu retten, plante Poelchau, in der Gefängnisschreinerei einen Sarg anfertigen zu lassen und ihn so aus dem Gefängnis zu schmuggeln. Das kühne Vorhaben scheiterte nicht nur deswegen, weil der Graf seine damaligen Zeitgenossen um Haupteslänge überragte und ein entsprechend langer Sarg unweigerlich aufgefallen wäre. Poelchau gelang es nicht, in seinem weit verzweigten Unterstützerkreis ein geeignetes Quartier für den überlangen Freund zu finden. Dass dieser Kirchenmann, der «die Gesetze» im Namen der Nächstenliebe immer wieder übertreten hat, das Dritte Reich unbeschadet überlebte, grenzt an ein Wunder. Zusammen mit seiner Frau Dorothee und seiner Mitarbeiterin Gertie Siemsen hat Poelchau Konrad und andere Verfolgte vor dem Tod bewahrt; Dutzenden, die er nicht retten konnte, war er ein Freund und hat seine Freiheit und sein Leben aufs Spiel gesetzt, um ihnen ihr Los zu erleichtern.

Der erfahrene Poelchau muss fassungslos gewesen sein, als die drei «U-Boote» in seinem Amtszimmer auftauchten und ihr Begehren vortrugen. Sie brauchten alles und sofort: Brot, Unterkunft, Arbeit.

«Eine dreiköpfige Familie unterzubringen», schreibt Poelchau in seinen Aufzeichnungen, «war schwierig, ja unmöglich, besonders, wenn zwei Männer mit dabei waren, die zwar als Arbeitskräfte sehr begehrt waren in jener Zeit, aber sofort auffallen mussten, weil alle Männer entweder eingezogen waren oder von der Wehrmacht gültige Papiere hatten. Der Vater war nicht mehr jung, aber von einer rührenden Arbeitswilligkeit und Bereitschaft, auch für neue Pflichten, die ihm ganz fremd waren».

Als Erstes machte Poelchau seinen Bittstellern klar, dass

sie sich trennen mussten. Nur als Einzelne hatten sie eine Überlebenschance. Dann versorgte er sie mit dem Überlebenswichtigsten: mit Adressen für zeitweilige Unterkünfte und Beschäftigungen.

Manfred Latte brachte er – dank der Fürsprache eines Gefangenen – als Mitfahrer bei einem Eisgeschäft unter. Der gelernte Jurist war der Älteste und Unerfahrenste unter seinen neuen «Kollegen» und musste nun Eisbarren tragen. Die anderen hatten Gummi- oder Lederauflagen auf den Schultern, Konrads Vater blieb mangels einer solchen Ausrüstung nichts weiter übrig, als das Eis ungeschützt zu schultern. Er tat dies, bis sein Rheuma ihm diese Arbeit unmöglich machte. Poelchau überredete Freunde, ihn als Gärtner einzustellen.

Konrads Mutter konnte Poelchau als Aufwartefrau vermitteln. Er kannte Familien, denen er die Notlage eines Schützlings andeuten konnte, ohne die Gründe näher zu bezeichnen. Das Arrangement der Familien bestand meistens darin, Konrads Mutter in bestimmten, festgesetzten Nächten in der Woche zu beherbergen und am Tage darauf als Haushaltshilfe zu verwenden und zu verpflegen.

«Aber der Sohn!», schreibt Harald Poelchau. «Er sah so jüdisch aus, dass wir scherzhaft zueinander sagten, man könnte sieben Ganze aus ihm machen. Alle Versuche, ihn durch einen anderen Hut oder Ähnliches ‹arisieren›, blieben hoffnungslos. Er war Musiker, nicht nur äußerlich und zufällig, sondern durch Begabung, ja fast möchte ich sagen, durch Berufung. Die Möglichkeit, ihn zu vermitteln, lag für mich von vornherein nur auf diesem Gebiet.»

Für Konrad begann eine Zeit ständigen Wechsels, eine Nacht hier, drei Nächte dort.

Wo und bei wie vielen Helfern er durch Poelchaus und Gertie Siemsens Vermittlung übernachtet hat, kann Konrad nicht mehr sicher sagen. Es waren Dutzende. Aber es gab noch etwas anderes, was ihn schützte: eine seltsame innere Energie – nennen wir es Konrads Künstlertum.

Das Leben in der Illegalität war nicht nur schäbig und nervenaufreibend, dem angehenden Künstler Konrad erschien es auch entsetzlich leer. Konrad fühlte sich zum Musiker berufen und war entschlossen, sein Talent zu benutzen und es auszubilden. «Man konnte doch die Zeit nicht einfach so verstreichen lassen», erklärt der Achtzigjährige. «Einfach so herumzuhängen und nicht einmal zu wissen, wo eigentlich, das war nicht meine Sache. Man musste doch etwas tun!»

In der Nähe der Gedächtniskirche stach ihm ein Plakat ins Auge, das das Programm der regelmäßigen Mittwochskonzerte von Walter Drwensky ankündigte. Während einer Probe des bekannten Organisten betrat Konrad die leere Gedächtniskirche und hörte zu. Als es still wurde, bestieg er die Orgelempore und erklärte Drwensky rundheraus, dass er, Konrad, bei ihm Orgelunterricht nehmen wolle. Nicht unfreundlich beschied ihn der verdutzte Drwensky, einen Augenblick zu warten, er müsse rasch noch einen Telefonanruf erledigen. Während er sich in sein Büro begab, setzte sich Konrad auf die Orgelbank und stimmte eines der schwierigeren Werke aus seinem Orgelrepertoire an. Er merkte nicht, dass Drwensky bereits eine ganze Weile hinter ihm gestanden hatte, bevor er ihn unterbrach. Die Idee mit dem Unterricht solle Konrad vergessen, meinte Drwensky, stattdessen werde er Konrad ab sofort mit Aufträgen überhäufen. Männer seien rar in Berlin, und erst recht Organisten; er, Drwensky, habe circa 100 verwaiste Kirchen zu betreuen. Und schon entwarf er für Konrad einen detaillierten Plan, an welchen Orgeln er wann zu spielen habe.

Die erste Orgel, die Konrad in seiner neuen Funktion als Aushilfsorganist bediente, war die des Krematoriums in der Gerichtstraße in Berlin-Wedding. Die Arbeit fing morgens um acht Uhr an und ging oft bis in den Abend hinein. Täglich wurden unter Konrads Orgelbegleitung ein bis zwei Dutzend Trauerfeiern abgehalten; pro Feier verdiente der Organist RM 1,50. Abwechslungsreich war die Arbeit nicht, denn es wurde meist dasselbe Stück verlangt: Händels «Largo». Zum Glück stellte ihm das Krematorium ein kleines Zimmer zur Verfügung, in dem er zwischendurch Briefe schreiben oder lesen konnte. Alle zwanzig Minuten rief ihn eine Klingel zu seinen Pflichten. Dann ging er in die Halle, setzte sich auf die Orgelbank, spielte Händels Ohrwurm, wartete die Grabrede ab und versenkte per Knopfdruck den nächsten Sarg – allmählich kam es ihm so vor, als sehe er immer denselben Sarg verschwinden.

Aus diesem Kontakt ergaben sich rasch weitere Engagements. In kurzer Zeit wurde Konrad ein viel beschäftigter Aushilfsorganist an den großen evangelischen Kirchen Berlins. Von der Orgelbank des Krematoriums in Wedding eilte er zur Gedächtniskirche am Zoo, von dort zur Jesus-Christus-Kirche und zur St.-Annen-Kirche in Berlin-Dahlem, wo er auch die Fürbittgottesdienste der oppositionellen «Bekennenden Kirche» musikalisch betreute. Evangelische Gottesdienste in Berlin, erzählt Konrad nicht ohne Spott, «waren ohne mich gar nicht mehr denkbar. Die Pfarrer mussten sich mit ihren Predigten nach meinem Zeitplan richten, damit ich die ‹richtige› Straßenbahn zur nächsten Kirche erreichte.»

Manchmal waren seine Verabredungen so knapp berechnet, dass er erst nach Beginn des Gottesdienstes eintraf. Einmal wusste er sich nicht anders zu helfen, als seinen Vater zu bitten, für ihn einzuspringen. Manfred Latte war ein guter Klavierspieler, aber mit der Orgel kannte er sich gar nicht aus. Als Konrad zehn Minuten zu spät beim Kindergottesdienst in der Gedächtniskirche eintraf, hörte er den Dialog zwischen Altar und Orgelempore und begriff sofort, dass ein Unglück seinen Lauf nahm. «Wir singen jetzt den Choral 737» sagte Pfarrer Jacoby mehrfach mit erhobener Stimme. Konrads Vater fand weder die richtigen Noten noch die richtigen Pedale. Konrad wurde gefeuert.

In dieser Zeit hielten die drei versprengten Untergetauchten vor allem telefonischen Kontakt. Am Wochenende trafen sie sich, wenn ihre Verpflichtungen dies zuließen, in dieser oder jener Gaststätte und bestellten das eine «markenfreie» Gericht, das jedes Restaurant bereit halten musste – eine Suppe. Wenn einer von ihnen zu spät oder gar nicht kam, mussten sie immer gleich das Schlimmste fürchten. Am 24. August, dem Geburtstag von Margarete, warteten die beiden Männer vergebens auf das Geburtstagskind. Es stellte sich heraus, dass nur wieder einmal die S-Bahn ausgefallen war.

Lehrer gesucht
für illegalen Schüler

Die Vertretungen an den Orgeln des Krematoriums und der Kirchen genügten Konrad nicht. Er wollte sich als Musiker weiterbilden und vervollkommnen. So kam es zu einer ungewöhnlichen Wendung seines Lebens im Berliner Untergrund. Mitten im Krieg, unter den Augen von Nazi-Häschern, die die Stadt nach den letzten Juden durchkämmten, begab sich der junge Konrad auf die Suche nach einem Meister, bei dem er in die Lehre gehen könnte.

Im Nachhinein erscheint es kaum glaublich, wie viele Wege Konrad täglich mit der Straßen-, U- und S-Bahn zurückgelegt hat. Im Kriegsjahr 1943 musste jeder männliche Zivilist im Wehralter mit Kontrollen rechnen. Außer dem Hakenkreuz am Revers hatte Konrad nichts als einen wertlosen Postausweis in der Tasche; dazu den Durchschlag eines von ihm verfassten und alle zwei Wochen erneuerten Einschreibens an das Wehrbezirkskommando Berlin-Schöneberg mit der dazugehörenden, jeweils letzten Einschreibequittung. Darin teilte er in regelmäßigen Abständen mit, er sei ausgebombt, seine Militärpapiere seien verbrannt, er bitte dringend und zum wiederholten Male um die Zustellung von Ersatzpapieren.

Ruth Andreas-Friedrich, die Mutter der bereits erwähnten Karin Friedrich, hat den jungen Mann aus Breslau in ihren Tagebüchern *(Der Schattenmann)* als «waghalsig» beschrieben. Konrad Latte selbst verwahrt sich energisch gegen diese Charakterisierung. Was ihn damals umtrieb und am Ende wohl auch geschützt hat, war wohl am wenigsten Wagemut oder Abenteuerlust. Der Wille, sich in seinem Beruf zu vervollkommnen, war stärker als die Angst vor den Häschern, und dieser Entschluss brachte es nun einmal mit sich, dass er sich mehrmals täglich durch Berlin zu bewegen hatte. Dass ein junger Jude im mittlerweile fast «judenfreien» Berlin sich diese Freiheit nehmen könnte, überstieg die Vorstellungskraft der Gestapo-Greifer.

Der Erste, an den er sich in den ersten Tagen nach seiner Ankunft in Berlin wandte, war gleich der berühmteste von allen denkbaren Lehrern: der Pianist Edwin Fischer. Konrad hatte ihn in Breslau – bei einem seiner verbotenen Konzertbesuche – mit den Berliner Philharmonikern gehört und war begeistert gewesen. Aber damals hätte er nicht im Traum gewagt, an Fischer heranzutreten und ihn zu bitten, ihn als Schüler anzunehmen. Inzwischen war er nicht nur ein paar Jahre älter; er war ein Illegaler, dem gar nichts anderes übrig blieb, als die Anstandsregeln zu verletzen, wenn er einen wie Edwin Fischer als Lehrer gewinnen wollte.

Während einer Probe Fischers mit den Berliner Philharmonikern ging Konrad zum Bühneneingang. Der Pförtner ließ ihn durch, ohne ihm eine Frage zu stellen – womöglich hielt er Konrad, der immer noch seinen Maleranzug aus Breslau trug, für einen Handwerker. Eine Weile irrte er durch die leeren Korridore. Von ferne hörte er die Musiker des Orchesters ihre Instrumente stimmen und den einen oder anderen Lauf üben. Als er, nach dem Hinweis einer Angestellten, endlich vor der gesuchten Tür anlangte, ver-

88

schlug es ihm erst einmal den Atem. Er war im Begriff, das Allerheiligste der deutschen Musikwelt zu betreten – das Künstlerzimmer der Berliner Philharmonie. Natürlich ließ sich nicht voraussehen, wie Fischer auf seinen Überfall reagieren würde. Konrad wusste bis ins Detail, wie der Pianist Bach und Mozart interpretierte. Aber große Künstler, das hatte er in Breslau erlebt, konnten große Feiglinge sein. Über den Menschen Fischer wusste Konrad nur, dass er Schweizer war und sich in erster Ehe mit einer Frau von Mendelsohn verheiratet hatte. Mit dem Antisemitismus, sagte Konrad sich, konnte es bei so einem nicht weit her sein. Er klopfte und murmelte eine Entschuldigung, als er die Tür öffnete. Fischer, der offenbar im Begriff war, zur Probe zu gehen, bat den ungewöhnlichen Besucher im Maleranzug ohne Umstände in sein Zimmer.

Als er dem Pianisten mit dem mächtigen Haarschopf und den indianerhaften Furchen im Gesicht in die Augen sah, beschloss Konrad, alles auf eine Karte zu setzen. Er erzählte Fischer ohne Umschweife, wer er war und was er wollte. Der Berühmte schien sofort zu begreifen, dass er einen jungen Mann vor sich hatte, der gleichzeitig von den Nazi-Schergen und von seiner Liebe zur Musik zu ihm getrieben worden war. Spontan lud er Konrad ein, am nächsten Tag zum Konzert in die Philharmonie zu kommen.

Konrad erklärte ihm, dass er in der Malerkluft, in der er jetzt vor Fischer stand, unmöglich in der Philharmonie würde erscheinen können – er hatte einfach einstweilen nichts anderes anzuziehen. «Also gut», sagte Fischer, «warten Sie nach dem Konzert auf der Straße, ich werde dann auf Sie zukommen.»

Als Konrad sich am nächsten Tag an der verabredeten Stelle einfand, war er darauf gefasst, dass Fischer ihn längst vergessen hätte. Er sah ihn unter den vielen Bewunderern vor dem Ausgang stehen. Jeder wollte noch rasch etwas Dringliches – ein Autogramm ergattern, ein Kompliment oder eine Einladung loswerden. Aber plötzlich trennte sich der Umschwärmte von seinen Begleitern, ging schnurstracks auf den «Malergesellen» zu, der im Schatten auf ihn wartete, begrüßte ihn und steckte ihm einen Briefumschlag zu. «Rufen Sie mich an!», sagte Fischer noch und kritzelte seine Telefonnummer auf den Umschlag.

Als Konrad den Umschlag später aufmachte, fand er darin einen Hundertmarkschein und eine ganze Menge Lebensmittelmarken. Aber das für Konrad wichtigste Geschenk war die Nummer auf dem Umschlag. Konrad erhielt seinen ersten Klavierunterricht in Berlin bei dem Idol seiner Jugendjahre, bei Edwin Fischer.

Gleichzeitig ging er seinen Beschäftigungen als Aushilfsorganist weiter nach. In der St.-Annen-Kirche lernte er Ursula Reuber kennen. Die anziehende junge Frau saß auf der Empore und stenographierte wie besessen mit, was der Pfarrer sagte. Konrad hielt sie zunächst für eine Gestapo-Informantin. Aus welchem anderen Grund sollte dort jemand die ganze Zeit mitschreiben? Was sich im Kriegsjahr 1943 in der St.-Annen-Kirche – und in der benachbarten Jesus-Christus-Kirche – abspielte, war den Kirchenbehörden und dem Reichskirchenministerium, die offen mit den Nazis kollaborierten, ein Dorn im Auge.

Seit dem 1. Juli 1937, seit der Verhaftung Martin Niemöllers, des charismatischen Leiters der Gemeinde, fanden dort Abend für Abend stark besuchte Fürbittgottesdienste statt. Trotz der Bedrohung und Verhaftung zahlreicher Pfarrer der Gemeinde, für die dann andere einsprangen, wurden diese Gottesdienste bis zum Endes des Dritten Reiches fortgesetzt. Die «Bekenntnispfarrer» verlasen die Namen der jeweils zuletzt Verhafteten des Naziregimes und schlossen sie in das Gebet der Gemeinde ein. Manchmal wurden die Fürbittlisten noch während des Gottesdienstes geändert, weil Neuverhaftungen oder auch Entlassungen bekannt wurden. Bis heute erinnert sich Konrad an den Psalm, der am Ende des Gebets rezitiert wurde. «Wenn der HERR die Gefangenen Zions erlösen wird, so werden wir sein wie die Träumenden. Dann wird unser Mund voll Lachen und unsre Stimme voll Jubel sein …» Beim Stichwort «Jubel» griff Konrad in die Tasten.

Einzelne Pfarrer sind in ihren Gebeten sehr weit gegangen und haben auch an das – vom deutschen Widerstand kaum je durchbrochene – Tabu gerührt, die Verfolgung jüdischer Bürger öffentlich anzuprangern. So etwa Helmut Gollwitzer, der nach der Pogromnacht vom 9. November von der Kanzel sagte: «Wir sind mitverhaftet in die große Schuld, dass wir schamrot werden müssen, wie biedere Menschen sich auf einmal in grausame Bestien verwandeln. Wir sind alle daran beteiligt …», oder Albrecht Denstaedt mit seinem Gebet: «Und wende das verstockte Herz des Führers!» Die SS-Zeitung «Schwarzes Corps» war über die Bittgottesdienste so aufgebracht, dass sie im Oktober 1938 den folgenden Hetzartikel druckte: «Solche Gebete haben nichts mehr mit Religion zu tun, solche Theologie nichts mehr mit Theologie – sie sind politische Kundgebungen des Verrates und der Sabotage an der geschlossenen Einsatzbereitschaft des Volkes in ernsten Stunden seines Schicksals. Schluss damit! Die Sicherheit des Volkes macht die Ausmerzung dieser Verbrecher zur Pflicht!»

Konrads Verdacht, dass er die Empore mit einem weiblichen Spitzel teile, verflüchtigte sich, als er sah, dass die junge Frau bei den Chorälen mit dem Stenographieren aufhörte und mitsang. Irgendwann fand er heraus, dass Ursula Reuber mit ihrem rastlosen Gekritzel von einem ebenso unschuldigen Wunsch beseelt war wie er selber: Sie wollte Debatten-Stenotypistin werden und benützte die Fürbittgottesdienste dazu, für ihren Traumberuf zu üben.

Die Wunsch-Stenotypistin und der Dirigent in spe fanden sich. Eines Tages half sie Konrad aus einer Verlegenheit, die heute als Lappalie erscheint: Konrad fehlten Schnürsenkel. Ein anderer hätte sich mit Bindfäden helfen können, nicht aber Konrad. Die erste Überlebensregel für einen untergetauchten Juden verlangte, dass er korrekt gekleidet sein musste, wenn er sich in der Öffentlichkeit zeigte. Jeder noch so lächerliche Fehler im Erscheinungsbild, der an das Zerrbild vom « verwahrlosten Juden » erinnerte, konnte den Argwohn von aufmerksamen « Volksgenossen » erregen.

Ursula Reuber gab Konrad ihre Kleiderkarte, damit er sich Schnürsenkel kaufen konnte. Die Liebesgabe wurde ihr zum Verhängnis. Aber das erfuhr Konrad erst einige Wochen später, als er im Zuge einer Routine-Razzia der Gestapo verhaftet wurde.

Einstweilen setzte er sein « Studium » im Untergrund zielstrebig fort.

In seinem selbst erstellten « Studienplan » fehlte ihm e i n Fach. Zwar hatte er mittlerweile Klavierunterricht bei Edwin Fischer, aber sein eigentliches Ziel war, Dirigent zu werden. Wie und bei wem sollte ein untergetauchter Jude im Berlin des Jahres 1943 das Dirigieren erlernen?

Konrad wandte dieselbe Taktik an, die sich bei Drwensky und bei Edwin Fischer bewährt hatte. Unangemeldet stellte er sich in der Wohnung des Staatskapellmeisters Johannes Schüler vor. Schüler zeigte Konrad seinen übervollen Terminkalender und machte ihm klar, dass er ihn weder jetzt noch später als Schüler annehmen könne. Aber auch diese Vorsprache und das anschließende Vorspiel auf dem Klavier, Bach, Chromatische Phantasie, waren nicht ganz erfolglos. Der Staatskapellmeister schickte ihn mit einer Empfehlung zu einem jungen Komponisten, der gerade ein Ballett namens «Turandot» geschrieben hatte.

Das Leben Gottfried von Einems liest sich wie ein Roman, der die Gutgläubigkeit des Lesers ständig überfordert. Er war ein Patenkind des Reichsmarschalls Göring, durch frühe Freundschaft mit Friedelind Wagner, der Schwester von Wolfgang und Wieland, mit dem Bayreuther Familienclan verbunden; in Eliteschulen Deutschlands und der Schweiz aufgewachsen, zwischen Geniekult, Führerbegeisterung und Künstlerwahn hin- und hergerissen.

Die spätere Wandlung zum kompromisslosen Regimegegner war Gottfried von Einem nicht gerade in die Wiege gelegt worden. Von Hause aus Baron und später mit Lianne von Bismarck verheiratet, gehörte er zur Elite der Gesellschaft.

Es gibt das eine Foto von ihm, auf dem der damals Zwanzigjährige, direkt hinter Adolf Hitler stehend, auf einer Gala in Bayreuth zu sehen ist. Es gibt das andere Foto, ein Zeitungsfoto, das den nur sechs Jahre älteren Komponisten nach der Premiere von «Turandot» abbildet. Es zeigt denselben blassen jungen Mann mit dem üppigen, leicht gelockten schwarzen Haar und der scharfen Nase. Ein wütender «Volksgenosse» schickte dieses Foto an das Original mit dem folgenden Begleitbrief: «Einem, schämen

Sie sich nicht mit dieser Mähne herumzulaufen, ich glaube, Sie sind ein Halbjud! Haare, Lippen und ihre Saunase wie eine Jude! Gehen Sie lieber zur Front Sie Drückeberger, schämen Sie sich!»

Was von Einems «Abstammung» anging, gab es nach den Maßstäben des Dritten Reiches nichts zu beanstanden. Die meisten Nazis hätten sich um eine solche Abstammung gerissen. Sein Vater war ein österreichischer Generalmajor und Militärattaché, die adlige Mutter Gerta Louise eine Musiknärrin und Musikagentin. Sie hatte mit den Schwestern des Reichsmarschalls Göring, Paula und Olga, gemeinsam die Schulbank gedrückt. Die Nazi-Größen schmückten sich auf ihren Bällen gern mit Persönlichkeiten aus der Aristokratie, und von Einems Mutter mit ihrer großen persönlichen Ausstrahlung und ihren Beziehungen zur internationalen Elite schien eine ideale Mittlerfigur. Gleichzeitig misstrauten ihr die Kulturbonzen und verdächtigten sie, wahrscheinlich zu Recht, als Spionin gleich für mehrere Seiten der Anti-Hitler-Front zu arbeiten. Womöglich hatte Gerta Louise wirklich den Ehrgeiz, als eine «Mata Hari» des Zweiten Weltkriegs in die Geschichtsbücher einzugehen. Wie weit sie es in dieser Rolle gebracht hat, darüber streiten sich die Gelehrten. Jedenfalls machten beide, von Einems Mutter und ihr Sohn, mehrfach Bekanntschaft mit den Gefängnissen der Gestapo, wurden jedoch immer wieder, wahrscheinlich dank mächtiger Fürsprecher in der Regierung, nach kurzer Haft freigelassen. Nach dem Krieg ereilte Gerta Louise dann das Schicksal, das man aus jedem Spionagefilm kennt: Nun wurde sie von den West-Alliierten als «Nazi-Spionin» festgenommen. Aber auch diese Verhaftung dauerte nicht lange. Bestimmt war es nicht nur der Fürsprache von Konrad Latte, der sich in einem Brief für sie verwendete, zu danken, dass sie rasch wieder freikam. Auch bei den Alliierten hatte Frau von Einem offenbar einflussreiche Freunde.

Als Konrad ihn in Berlin traf, war aus dem Baron mit den guten Beziehungen «nach oben» längst ein entschiedener Gegner des Naziregimes geworden. Er gehörte einem kleinen Kreis von Oppositionellen an der Berliner Oper an, zu dem der Dirigent Leo Borchard und der Komponist Boris Blacher zählten. Aber auch als Regimegegner blieb von Einem immer der Baron. Die Art, in der er Konrad und anderen Verfolgten unter die Arme griff, verriet die Selbstsicherheit des Aristokraten. Einem Freund einer Freundin, der von der Gestapo gesucht wurde, besorgte er eine Pistole für seine Flucht. Für einige Bühnenarbeiter, die als Kommunisten ins Visier der Gestapo geraten waren, bezahlte er zeitweise die Wohnungsmieten. In brenzligen Situationen konnte von Einem den Wagemut eines Spielers zeigen.

Der junge Komponist verschaffte Konrad seinen ersten Job an der Oper. Eine befreundete Künstlerin, die russische Choreographin Tatjana Gsovsky, studierte gerade von Einems Ballett «Turandot» ein, dessen Uraufführung in der Dresdner Oper vorgesehen war. Konrad sollte die Ballettproben als Korrepetitor begleiten. Als er von Einem zum ersten Mal vorspielte, war von Einem leicht entsetzt. Er fand, dass Konrad vom Spielen moderner Musik keine Ahnung habe, und beschied ihn mit dem knappen Rat, wiederzukommen, nachdem er geübt habe. Danach spielte er «mehr recht als schlecht» auf den Proben, notiert von Einem in seiner Autobiographie.

Durch eine Empfehlung von Einems bekam Konrad einen Termin bei dem Dirigenten Leo Borchard, der neben

Karajan einer der Stars unter der jungen Dirigenten-Generation war.

Über den ebenso begabten wie karrieresüchtigen Karajan wird man später lesen, dass er gleich zweimal in die NSDAP eintrat, weil er vergessen hatte, dass er bereits Mitglied war. Leo Borchard dagegen ließ seine anfänglich glänzende Karriere hängen und geriet immer mehr ins Abseits des Konzertbetriebes. Von 1937 bis zum Mai 1945 hat er in Deutschland nur noch zwei Konzerte mit den Berliner Philharmonikern dirigiert, mit denen er noch in den Anfangsjahren des Dritten Reiches Triumphe gefeiert hatte. Eine von Borchard längst vergessene Respektlosigkeit behinderte seine weitere Karriere. Drei Jahre vor der Machtergreifung Adolf Hitlers hatte Borchard beim Dirigieren des Deutschlandliedes laut und anhaltend geniest. Er war damals wegen «Verächtlichmachung des Deutschlandliedes» von einigen Orchestermusikern denunziert worden. Als er 1933 wieder ans Pult des Berliner Rundfunkorchesters trat, weigerten sich die Musiker, unter ihm zu spielen. Ihre Sprecher beriefen sich auf das unvergessene provokante «Niesen» vor drei Jahren und beschwerten sich außerdem, Borchard sei Ausländer und bevorzuge Juden im Orchester. Der Aufstand der deutschen Musiker gegen den Emigranten – Borchard war in Moskau geboren – wurde erst einmal beigelegt. Aber als Borchard in den Jahren 1935/36 häufiger das Berliner Philharmonische Orchester dirigierte und zu einem Publikumsliebling wurde, wandte sich das «Amt für Kulturpflege» – eine Art kulturpolitischer Spitzeldienst – an die Rechtsabteilung des Reichssenders. Das Amt wollte wissen, was es mit der «Verächtlichmachung des Deutschlandliedes» vor sechs Jahren auf sich habe.

Mit dieser Nachfrage begann der Abstieg von Leo Borchard und sein Weg in den Widerstand. Als Konrad den Dirigenten im Jahre 1943 in dessen Steglitzer Wohnung aufsuchte, war Borchard bereits – unter dem Einfluss seiner damaligen Lebensgefährtin Ruth Andreas-Friedrich – in vielfältige Aktivitäten des zivilen Widerstands verstrickt. Aber davon wusste Konrad zunächst so wenig wie Borchard von Konrads illegalem Status.

Ohne ihn ein einziges Mal zu unterbrechen, hörte Borchard sich Konrads Standardlegende an: ausgebombt, keine Papiere, Nierenkrankheit, deshalb vom Kriegsdienst freigestellt. Dann fasste der hoch gewachsene, elegant gekleidete Mann seinen Besucher fest ins Auge und sagte: «Der Unterricht bei mir gründet sich auf eine Vorbedingung: Sie müssen Vertrauen zu mir haben.»

Konrad war für einen Augenblick ratlos. Dann fasste er, nicht zum ersten Mal, einen jener Entschlüsse, der ihn im Fall der Fehleinschätzung seine unsichere Existenz an der Oper und womöglich das Leben hätte kosten können.

Er erzählte Borchard, was zu diesem Zeitpunkt nur drei oder vier Eingeweihte wussten: Wer er war und und unter welchen Bedingungen er lebte. «Nun weiß ich es», sagte Leo Borchard, als Konrad geendet hatte, «und nun habe ich es wieder vergessen.» Danach begann die erste Unterrichtsstunde.

Die Lehrstunden in Borchards Wohnung im Hünensteig gehörten zu den schönsten, gleichzeitig zu den unwirklichsten Momenten in Konrads illegalem Leben. Borchard unterrichtete auswendig, ohne Partitur und ohne Klavierbegleitung. Auf dem Kanapee seines Arbeitszimmers liegend, ließ er den Schüler die großen Symphonien Beethovens aus der Partitur dirigieren, beobachtete die Einsatzbefehle der linken Hand zu den unsichtbaren Streichern, der rechten zu den vorgestellten Bläsern, unterbrach ihn plötzlich: «Den Einsatz für die Hörner früher! Die Bläser brauchen schließlich Zeit, bis sie die Instrumente an die Lippen bringen!» Dann pfiff er ihm ein paar Takte vor, um die Stelle der Wiederholung zu markieren.

Aber das vielstimmige Orchester, das die Hände des Schülers zum Klingen bringen wollten, spielte nur in der Vorstellung der beiden Männer, im Zimmer hörte man keinen Ton.

Ein interessierter Nachbar, der die Vorgänge in Borchards Arbeitszimmer beobachtet hätte, müsste hoch alarmiert gewesen sein. Da saßen zwei kriegstaugliche Männer in einem Arbeitszimmer, die sich stundenlang nur durch das Gestenspiel ihrer Hände zu verständigen schienen. Fürchteten sie, abgehört zu werden? Was mochten sie sich in ihrer Geheimsprache zu sagen haben?

Ohne es zu wissen, gab der Schüler Konrad bei diesen Trockenübungen auch seinem Lehrer etwas von seiner Identität zurück. Denn in Berlin konnte Leo Borchard zu jener Zeit nur noch in seiner Wohnung dirigieren. «Jeder konnte sehen», schreibt Konrad Latte im August 1947 in einem Nachruf auf den Freund, «wie sehr diese selbst auferlegte Untätigkeit ihn quälte.» Während Karajan seine Talente von den Nazi-Größen feiern ließ, machte «Andrik Krassnow» – wie Ruth Andreas-Friedrich ihren in Russland geborenen Lebensgefährten nannte – zusammen mit ihr Basisarbeit im Untergrund, besorgte Quartiere, Ausweise und Lebensmittelmarken für Untergetauchte. Unter anderem wirkte er mit an der so genannten «Nein»-Aktion. Im April 1945 erschien, mit Kreide oder Ölfarbe gezeichnet und gemalt, in vielen Stadtteilen Berlins das Wort «Nein» – ein einsilbiges Votum gegen Hitler und den

Krieg, das damals von Nazi-Gegnern wie Nazi-Anhängern sofort verstanden wurde.

Unmittelbar nach der Kapitulation wurde Leo Borchard mit der Leitung der Berliner Philharmoniker betraut und dirigierte deren erstes Konzert nach dem Krieg im Titania-palast.

Wenige Wochen später, am 23. August 1945, kam es zu einem tragischen und absurden Ende seiner eben erst wieder begonnenen Karriere. Leo Borchard und Ruth Andreas-Friedrich hatten den Abend in der Grunewald-Villa eines hohen britischen Besatzungsoffiziers verbracht. Man trank Whisky, aß weiße, mit Fleisch belegte Sandwiches, man unterhielt sich und verstieg sich in Zukunftsträume, man vergaß den Krieg und die nächtliche Ausgangssperre. Kurz vor Mitternacht bot der Gastgeber, Oberst Creighton, Borchard und seiner Begleiterin an, sie in seinem Wagen nach Hause zu fahren. Creighton und Borchard setzten sich auf die Vordersitze, Ruth Andreas-Friedrich und ein holländischer Gast nahmen im Fond des Wagens Platz. Als das Auto sich dem Checkpoint zwischen dem britischen und amerikanischen Sektor am Kaiserplatz (heute Bundesplatz) näherte, bemerkte Ruth Andreas-Friedrich Taschenlampen, die heftig vor den Autofenstern hin- und herbewegt wurden. Aber der steuernde Oberst reagierte nicht, er schrieb die Signale der amerikanischen Soldaten offenbar Passanten zu, die sich noch zu dieser Stunde eine Heimfahrgelegenheit verschaffen wollten. Plötzlich knallten Schüsse. Borchard sank auf seinem Sitz zusammen.

«Andrik Krassnow ist tot», schreibt Ruth Andreas-Friedrich in ihren Tagebuchaufzeichnungen. «Er war sechsundvierzig Jahre alt, als er das Leben verlassen musste. Und er lebte gern.»

Harichs Koffer

Konrads größtes Problem blieb es, für eine oder mehrere Nächte ein Quartier zu finden. In aller Regel waren es Poelchau und seine Mitarbeiterin Gertie Siemsen, die ihm mit einer neuen Adresse weiterhalfen. Einmal wachte er in einem Gartenhaus im Norden Berlins auf und sah zwei Schweineschinken auf der Wäscheleine zum Trocknen aufgehängt. Als er der Versuchung nicht mehr widerstehen konnte und dem Schinken mit dem Messer zu Leibe rückte, fühlte er einen Pistolenlauf im Rücken. Der hilfreiche Schwarzhändler, der den Illegalen unter Lebensgefahr bei sich hatte übernachten lassen, war offenbar sofort bereit, ihn zur Rettung seines Schinkens über den Haufen zu schießen. Es gab gewisse Grenzen der Solidarität.

Ein Bekannter mit dem Status eines «Mampe» (im Berliner Slang jener Jahre wurden «Halbjuden» nach dem beliebten alkoholischen Getränk «Mampe halb und halb» genannt) half ihm weiter. «Mampe», mit bürgerlichem Namen Wolfgang Borchert, nahm ihn mit in das Haus von Anne-Lise Harich in der Stubenrauchstraße in Zehlendorf. Sie war die Witwe des Schriftstellers Walther Harich und Mutter von Wolfgang Harich, der sich später als marxistischer Philosoph einen Namen machte. Das gesellige Beisammensein im Haus Harich wurde durch einen Kurzschluss unterbrochen. Als die Hausherrin mit Borchert im Keller nach Kerzen und Taschenlampen suchte, kam es zu einem erregten Disput zwischen den beiden. Welcher Teufel ihn geritten habe, fuhr Frau Harich ihren Bekannten an, ihr diesen Nazi mit dem Hakenkreuzabzeichen ins Haus zu bringen. Borchert klärte sie zögernd über Konrads wahre Identität auf, mit dem erhofften «paradoxen» Resultat. Frau Harich zeigte sich ob der Enthüllung tief erleichtert; spontan bot sie Konrad ihr Haus als Bleibe an, und sie tat es, wie Ursula Meißner, ohne irgendeine Frage nach der voraussichtlichen Dauer seines Aufenthalts zu stellen.

Einige Wochen später kam es zur Katastrophe. Um seine großzügige Wirtin nicht länger zu gefährden, hatte Konrad sich Ende September 1943 in der Pension Wolf in der Nürnberger Straße einquartiert. Das Etablissement gehörte zu jenen wenigen Pensionen, die gegen ein stattliches Aufgeld auf die Vorlage eines Ausweises verzichteten. Die Wirtin ahnte wahrscheinlich, wen sie beherbergte, aber «vergaß» regelmäßig die Vorschrift, dem Gast das Anmeldeformular vorzulegen. Konrad erschien die Pension auch deswegen attraktiv, weil er dort sowohl von seinen Eltern wie von seinen Arbeitgebern aus Kirche und Oper telefonisch erreicht werden konnte.

Eines Nachts, als Konrad bereits zu Bett gegangen war, hörte er das Telefon in der Pension klingeln. Bald darauf klopfte die Wirtin an seine Tür. Am anderen Ende der Leitung meldete sich Wolfgang Harich. Konrad erschrak, als er den Namen hörte. Er hatte ihn nur ein einziges Mal im

Haus seiner Mutter getroffen und ihn danach nicht mehr gesehen.

«Ich denke, du bist in Russland!», flüsterte Konrad.

«Nee, hier in Berlin, am Bahnhof Zoo! Kann ich bei dir übernachten?»

Wenn es jemanden gab, den Konrad unmöglich abweisen konnte, so war es der Sohn von Frau Harich, die ihm so lange Unterschlupf gewährt hatte. Aber dessen Wunsch, bei ihm zu übernachten, konnte er beim besten Willen nicht erfüllen – er teilte sein Zimmer mit zwei anderen Männern. Er verabredete mit Harich einen Treffpunkt in der Nähe der Pension.

Wenig später erschien «Soldat» Harich in Zivil, mit einem Koffer in der Hand.

«Komm, lass uns ein paar Schritte gehen!», schlug Konrad vor und nahm Harich den Koffer ab.

Bei dem nächtlichen Spaziergang um das Viertel erklärte ihm Wolfgang Harich seine Situation. Er habe sich in seiner Potsdamer Kaserne mehrfach abfällig über Hitler und den «Endsieg» geäußert. Irgendein Nazi habe ihn angezeigt. Er sei zum Gerichtsoffizier des Bataillons bestellt worden. Der habe ihm seine Äußerungen vorgehalten mit dem Kommentar: «Das kommt vors Kriegsgericht. Und dann ist die Rübe ab.» Darauf habe Harich sich in Panik aus der Kaserne davongemacht.

Konrad riet ihm, sich sofort zurückzumelden. Eine unerlaubte Entfernung aus der Kaserne sei noch lange keine Desertion. Aber Harich ließ sich nicht überreden. So nannte Konrad ihm denn ein kleines Hotel am Olivaer Platz, in dem niemand nach seinen Papieren fragen werde.

Sie verabschiedeten sich vor Konrads Pension in der Nürnberger Straße. Ob Konrad den Koffer mit nach oben nehmen könne, fragte Harich zuletzt, er sei zu müde, ihn jetzt noch bis zum Olivaer Platz zu schleppen. Ohne zu zögern willigte Konrad ein, wunderte sich nur über Harichs seltsame Frage: ob er, Konrad, zufällig einen Ofen im Zimmer habe. Einen Ofen, wie Harich darauf komme? – Das Beste wäre es, erwiderte Harich, die Sachen in dem Koffer so rasch wie möglich zu verbrennen. – Was denn darin sei, wollte Konrad wissen. Das könne Konrad sich doch denken, meinte Harich, seine Uniform natürlich, seine Erkennungsmarke und sein Soldbuch.

«Sonst noch etwas?», rief Konrad entsetzt.

«Nur noch etwas kommunistisches Propagandamaterial!»

«Großartig! Sehr schicke Sachen, wirklich!», schimpfte Konrad.

Wütend schleppte er den Koffer nach oben in sein Zimmer und legte sich schlafen.

Es war noch nicht hell geworden, als Konrad von seiner Wirtin an der Schulter gerüttelt wurde. «Raus über die Hintertreppe, Kriminalpolizei!»

Konrad sprang aus dem Bett, griff sich das Nötigste und rannte zur Tür – direkt einem Beamten in die Arme.

Wohin es denn so eilig gehe, fragte der Uniformierte, Konrad möge sich doch lieber in seinem Zimmer anziehen und ihm seinen Ausweis zeigen.

Konrad legte ihm seinen Postausweis vor.

«Und Ihre Kennkarte? Ihre Lebensmittelmarken?»

Konrad erzählte seine übliche Geschichte und wusste, bevor er sie beendet hatte, dass der Beamte ihm kein Wort glaubte.

Ob das sein Koffer sei, fragte der Beamte noch, als sie

das Zimmer verließen. Konrad verneinte. Dann sollten wir ihn auch lieber hier lassen, meinte der Polizist.

Konrad wurde zum Polizeirevier in der Joachimsthaler Straße gebracht. Erst dort begriff er, dass die Beamten weder den untergetauchten Juden Konrad Latte noch den Deserteur Wolfgang Harich suchten. Er war in eine der Razzien geraten, die regelmäßig in der Gegend des Bahnhofs Zoo durchgeführt wurden.

Im Polizeirevier standen etwa fünfundzwanzig Menschen mit dem Gesicht zur Wand. Konrad musste sich zu ihnen stellen und entdeckte unter den Verhafteten seine Wirtin. Um einen Tisch saßen mehrere Beamte. Ein SS-Mann leitete die Vernehmungen. In kurzem Abstand rief er die Namen auf, schließlich auch den Namen Konrad Bauer.

Er musste seine Taschen ausleeren.

Ob er Jude sei. – Konrad verneinte. Er erwartete nicht mehr, dass er mit seiner Antwort durchkam; trotzdem log er weiter, als der SS-Mann sein Frageritual abspulte.

«Ihre Militärpapiere?» – «Verbrannt.» – «Wo polizeilich gemeldet?» – «192. Polizeirevier.» – «Heinrich, ruf doch mal das 192. Revier an, ob dort ein Konrad Bauer gemeldet ist. Zurücktreten inzwischen. Der Nächste!»

Ein älterer Mann, der zuvor mit Konrad an der Wand gestanden hatte, trat neben ihn. Konrad blieb an dem Tisch stehen, als hätte er die Aufforderung, wegzutreten, nicht gehört.

«Sie sind Jude?» – «Jawohl, Herr Kommissar!» – «Name?» – «Alfred Israel Steiner!»

Erstaunt blickte der Vernehmer Konrad an und forderte ihn noch einmal auf, zurückzutreten. Aber Konrad dachte gar nicht daran, dem Befehl zu folgen. Er inszenierte, nein, er hatte einen Wutanfall.

«Sie sind Jude», äffte Konrad den SS-Mann nach und fuhr dann, immer lauter werdend, fort: Er, Konrad, verbitte sich diese Anrede! Noch nie habe jemand seine arische Herkunft in Zweifel gezogen. Er sei Parteimitglied und Korrepetitor bei der Staatsoper! Der Vernehmer möge dort auf der Stelle anrufen – hier die Nummer! – und anschließend die Folgen tragen!

Überrascht sah der SS-Mann Konrad an. Einen derartigen Aufstand hatte er offenbar noch nicht erlebt, und wenn er Konrad auch nicht glaubte, leicht verunsichert war er doch. Zumindest schien ihm die Abwechslung Spaß zu machen. Höflich forderte er Konrad auf, in einem Nebenzimmer Platz zu nehmen. Es werde sich gleich alles klären.

Während Konrad wartete, machte er sich klar, dass die Szene, die er eben hingelegt hatte, vollkommen sinnlos war. Die Gestapo oder Kripo würde sein Zimmer in der Pension durchsuchen und ihn mit Harichs Koffer konfrontieren; außerdem war er nirgendwo polizeilich gemeldet. Trotzdem bereute er seinen Auftritt nicht – zumindest hatte er sich irgendwie gewehrt. Er konnte nicht wissen, dass sein Verstellspiel im Polizeirevier eine Art Probe für einen späteren Auftritt war, der ihm das Leben retten würde.

Nach einigen Stunden öffnete sich die Tür. Herein trat sein Vernehmer, hinter ihm erschien Konrads Vater.

Ob er diesen Mann kenne, wurde Konrad gefragt.

«Das ist mein Vater!», erwiderte Konrad.

Vater und Sohn wurden auf einen Lastwagen geladen und zur Sammelstelle in der Großen Hamburger Straße gebracht. Erst auf der Fahrt erfuhr Konrad, wie es zur Verhaftung seines Vaters gekommen war. Während Konrad im Polizeirevier in der Joachimsthaler Straße verhört wurde, lauerte die Kriminalpolizei in der Pension auf weitere

«U-Boote». Als Manfred Latte seinen täglichen Anruf in der Pension machte, nahm ein Kripo-Mann das Gespräch an und gab sich als ein Freund Konrads aus: Konrad habe sein Zimmer aufgegeben, aber für den Anrufer ein Paket hinterlassen, er möge sofort vorbeikommen. Eine halbe Stunde später war Konrads Vater in der Pension und wurde festgenommen.

Noch am gleichen Tag klingelte Margarete Latte an der Eingangstür der Sammelstelle und verlangte Einlass. Nachdem sie von Konrad die Nachricht erhalten hatte, dass er und Manfred verhaftet worden waren, sah sie keinen Sinn mehr darin, sich zu verstecken, und stellte sich freiwillig den Verfolgern.

Die Sammelstelle, ein ehemaliges jüdisches Altersheim in der Großen Hamburger Straße, war für gefasste untergetauchte Juden die letzte Station vor der Deportation nach Auschwitz. Aber auch zu jenem Zeitpunkt, betont der achtzigjährige Konrad Latte, wusste er nicht genau, was der Name ‹Auschwitz› bedeutete. Als ein Mithäftling sie aufzuklären suchte, sei der junge Konrad ihm wütend ins Wort gefallen: Er solle ihre Lage durch seine Gräuelmärchen nicht noch verschlimmern.

Die nun wieder «vereinte» Familie wurde registriert, anschließend erhielt jeder seinen Stern, dazu Nadel und Faden. Das Ehepaar Latte musste eine «Vermögenserklärung» abgeben. Die drei Familienmitglieder wurden dem «44. Osttransport» zugeteilt.

Abschied von den Eltern

Der Transport nach Auschwitz war für den 12. Oktober 1943 vorgesehen und sollte um 18 Uhr die Sammelstelle verlassen. Während die insgesamt 74 zur Deportation bestimmten Menschen in der Sammelstelle Aufstellung nahmen, brüllte eine Lautsprecherstimme in den Raum: «Latte, Konrad Israel, bleibt hier!»

Konrad wurde zur Vernehmung gerufen. Der SS-Hauptsturmführer Walter Dobberke, der seine Verhöre gewöhnlich auf eigene Faust durchführte, war diesmal nicht allein. Außer Dobberke waren noch dessen Vorgesetzter sowie andere Gestapo-Beamte zugegen, eine Sekretärin stenographierte mit.

«Sie kennen einen Wolfgang Harich?», wurde Konrad gefragt.

Also doch, durchfuhr es Konrad. Seit seiner Einlieferung in das Sammellager hatte er keinerlei Nachrichten darüber, was mit Wolfgang Harich geschehen war. Inzwischen war so viel Zeit vergangen, dass er eine Vernehmung in dieser Sache für unwahrscheinlich hielt. Ohnehin war er inzwischen mit dringlicheren Gefahren beschäftigt. Im «Bunker» warteten seine Eltern mit siebzig anderen Leidensgenossen auf die Deportation nach Auschwitz. Er hatte ihre

Blicke auf seinem Rücken gespürt, während er aus der Halle abgeführt wurde, und er spürte sie immer noch, als er in das Verhörzimmer trat.

«Antworten Sie gefälligst!», schnauzte Dobberke ihn an.

Wahrscheinlich hatten sie Harich gefasst, überlegte Konrad, jedenfalls kannten sie dessen Namen. Er entschloss sich, den Beamten jene Geschichte zu erzählen, die er mit den Harichs für den Fall einer Verhaftung verabredet hatte. Während eines Konzertes in der Philharmonie, das er, Konrad, illegal besucht habe, habe er zufällig neben Harichs Mutter gesessen und sei mit ihr ins Gespräch gekommen. Die Musik liebende Dame habe den Korrepetitor Konrad zu sich nach Hause eingeladen; bei dieser Gelegenheit sei er dann auch ihrem Sohn Wolfgang begegnet.

Seine Aussage wurde zu Protokoll genommen. Offenbar erschien sie den Beamten überzeugend. Dann aber öffnete sich die Tür – ein Gestapo-Mann brachte Harichs Koffer herein und stellte ihn vor Konrad ab.

Er hatte diese Gegenüberstellung seit seiner Einlieferung in die Große Hamburger Straße gefürchtet; jetzt war sie ihm – und alles, was für ihn daraus folgen mochte – so gut wie gleichgültig. In der nächsten halben Stunde würden er und seine Eltern auf einen Lastwagen steigen. Immerhin wollte er wenigstens Wolfgang Harich alle vermeidbaren Schwierigkeiten ersparen. Er sagte sich, dass die Gestapo den Zusammenhang zwischen Harich und dem Koffer längst hergestellt haben musste; folglich gab es hier nichts zu verbergen. So erzählte er denn die Geschichte seiner Begegnung mit Harich in jener Nacht.

Die Beamten schienen auch mit dieser Aussage zufrieden

zu sein. Jetzt erst klärten sie ihn darüber auf, dass Harich am gleichen Morgen wie Konrad verhaftet worden war und längst ein Geständnis abgelegt hatte. Konrad war erleichtert – jedenfalls hatte er nichts verraten, was die Beamten nicht bereits wussten.

Die Vernehmung schien abgeschlossen, Konrad wollte gehen, zurück zu seinen Eltern, zurück in den «Bunker». Walter Dobberke teilte ihm mit, dass er keineswegs mit seinen Eltern mitfahren werde. Er werde zunächst im Prozess gegen Harich als Zeuge aussagen müssen und danach seine verdiente Strafe für das Verbrechen der «Beihilfe» erhalten. Wie diese Strafe ausfallen würde, darüber wollte Dobberke Konrad keinesfalls im Unklaren lassen. Auf Beihilfe zur Fahnenflucht, verkündete er, stehe die Todesstrafe.

Konrad blieb kaum Zeit, von seinen Eltern Abschied zu nehmen. Als er zurück in den «Bunker» gelangte, sah er die Menschen bereits in Reih und Glied stehen. Schlimmer als die angekündigte Todesstrafe erschien ihm Dobberkes Verbot, seine Eltern zu begleiten. Auf jeden Fall wollte er ihnen Dobberkes Auskunft darüber, was ihm bevorstand, ersparen. So versuchte er denn, seine Eltern in den letzten gemeinsamen Minuten mit einer anderen, harmloseren Version seines Schicksals zu beruhigen. Die Gestapo wolle nur herausfinden, auf welche Weise er sich Zugang zur Staatsoper verschafft habe, sagte er; aus diesem Grunde behalte man ihn hier.

So trennten sich Konrad und seine Eltern – Konrad in der Hoffnung, dass seine Eltern Auschwitz überleben könnten, seine Eltern in dem Glauben, dass ihrem Sohn nur ein paar Verhöre durch die Gestapo bevorstünden.

Erst später erfuhr Konrad, dass Dobberke noch die Zeit gefunden hatte, seinen Eltern kurz vor dem Einstieg in den Lastwagen mitzuteilen, ihr Sohn sei wegen Beihilfe zur Fahnenflucht zum Tode verurteilt worden. Mit diesem Satz im Kopf hatten sie die Reise in den Viehwagons der Reichsbahn angetreten.

Konrad hat seine Eltern nie wieder gesehen.

In den folgenden Tagen und Wochen wartete er darauf, dass er, wie von Dobberke angekündigt, zum Prozess geladen würde. Aber nichts dergleichen geschah. Konrad wurde in der Sache Harich nicht mehr vernommen.

Der Grund dafür war wiederum ein Widerspruch im Verfolgungsapparat der Nazis. Ähnlich wie die Lasker-Schwestern war Konrad durch ein «Verbrechen» – in seinem Fall «Beihilfe zur Fahnenflucht» – dem Zugriff der Gestapo einstweilen entzogen. Er war in letzter Sekunde aus dem «Bunker» geholt worden, weil der Kriegsgerichtsrat ihn für das Verfahren gegen Harich als Zeugen angefordert hatte. Aber die Berufung eines Juden in den Zeugenstand war nach der Logik der Nazi-Justiz nicht mehr möglich: Als «Untermenschen» waren Juden nicht gerichtsfähig.

Der Prozess gegen Harich wegen Desertion ging erstaunlich glimpflich aus. Im Oktober 1943 wurde er «wegen unerlaubter Entfernung von der Truppe» zu einer milden Gefängnisstrafe verurteilt, von der er drei Monate absaß.

Nicht alle SS-und Gestapo-Leute waren solche Menschenschinder wie Dobberke. Eines Tages steckte ein Wächter, ein ständig betrunkener Mann, Konrad ein dünnes Bändchen mit Gedichten von Rainer Maria Rilke zu. Von einer

Freundin, raunte er ihm zu. Aufgeregt blätterte Konrad in den Seiten. Erst beim nochmaligen Durchblättern fand er den Eintrag der Besitzerin, Ursula Reuber, auf der Innenseite des Einbandes. Im Inhaltsverzeichnis des Büchleins entdeckte er Beistiftmarkierungen – alle paar Zeilen war je ein Buchstabe mit einem Punkt versehen. Als er die Buchstaben zusammengesetzt hatte, ergab sich der Satz: «I.c.h b.i.n s.e.i.t g.e.s.t.e.r.n h.i.e.r». Der Wächter, dem vielleicht der Alkohol einen Rest von Menschlichkeit erhalten hatte, brachte ein Wiedersehen zwischen Konrad und Ursula im Keller der Sammelstelle zustande. «Nun gebt euch mal einen Kuss!», raunzte er Konrad an.

Bei diesem Wiedersehen erfuhr Konrad, wie Ursula Reuber in die Hände der Gestapo geraten war. Bei Konrads Verhaftung hatten die Beamten auch die Kleiderkarte, die sie ihm überlassen hatte, gefunden. Für das «Verbrechen», einem Juden ein paar Schnürsenkel beschafft zu haben, war sie mit einem halben Jahr Haft bestraft worden.

Im März 1944 wurde Ursula Reuber aus dem Sammellager entlassen. Sie wurde zum Dienst als Straßenkehrerin verpflichtet und kam bei einem Bombenangriff ums Leben.

In der Niemandszeit zwischen der Deportation seiner Eltern und der erwarteten Todesstrafe befreundete Konrad sich mit einem jungen Mann, der ein paar Tage vor ihm in der Sammelstelle eingeliefert worden war. Ludwig Lichtwitz war wie Curt Weiss und andere Juden, die in «Mischehen» lebten, bis zum Frühjahr 1943 von Verhaftung und Deportation verschont geblieben. Bis zur Arisierung des Betriebes hatte er in der väterlichen Druckerei Max Lichtwitz gearbeitet, die unter anderem das «Jüdische Familienblatt» und die «Jüdische Rundschau» druckte. Viele der

Papiere, die für Untergetauchte lebenswichtig waren – Arbeitsbescheinigungen, Firmenbriefköpfe, Wehrmachts-Urlaubsbescheinigungen – hat Ludwig Lichtwitz meisterhaft gefälscht.

Der Drucker und der Musiker beschlossen, aus der Großen Hamburger Straße zu fliehen. Gemeinsam arbeiteten sie einen sorgfältig durchdachten Fluchtplan aus.

Beide waren im Kohle- und Kartoffelkeller zur Arbeit eingesetzt, wo sich der Sicherungskasten für die gesamte Anlage befand. Ihr Plan sah vor, die Stromversorgung des Lagers zu unterbrechen und im Dunkeln über die Mauer des alten Jüdischen Friedhofs hinter der Sammelstelle zu den Hackeschen Höfen zu flüchten.

Die Frage war, ob sich durch die Hauptsicherung auch die Scheinwerfer im Hof ausschalten ließen – eine unverzichtbare Voraussetzung für das Gelingen ihres Plans. Kaltblütig führten sie einen Tag vor ihrer Flucht einen Test durch. Für eine Sekunde unterbrachen sie den Kontakt der Hauptsicherung – die gesamte Anlage tauchte in nachtschwarzes Dunkel, auch die Scheinwerfer im Hof gingen aus. Der kurze «Stromausfall» hatte keine weiteren Folgen; die Lagerleitung glaubte offenbar an eine Störung, wie sie sich in den Kriegsjahren ständig ereignete.

Am Abend des 27. November 1943 flogen die Briten einen Tieffliegerangriff gegen Berlin. Die beiden jungen Männer brachten zuerst den Schlüssel für die Kellertür zum Hinterhof an sich, der im unverschlossenen Zimmer des Wachhabenden hing. Dann schraubten sie die Hauptsicherung aus der Fassung und steckten sie ein. Wie sie es berechnet hatten, stürmte das gesamte Wachpersonal mit Taschenlampen zunächst zum Vordereingang. Unterdessen hasteten Konrad und Ludwig im Keller auf einem Weg, den sie mit verbundenen Augen hätten laufen können, vom Sicherungskasten zum Hinterausgang. Während sie sich mit dem Schlüssel an der Tür zum Hinterhof zu schaffen machten, hörten sie die Stiefel der Wachleute auf der Kellertreppe. Eben noch rechtzeitig gelangten sie ins Freie und verschlossen die Tür von außen.

Im Hof hatte Konrad eine Eisenstange liegen sehen und war entschlossen, sie auch zu gebrauchen, falls sich ihnen jemand in den Weg stellen sollte.

Ob er dazu wirklich imstande gewesen wäre, auf einen Wachmann mit der Eisenstange einzuschlagen, kann Konrad bis auf den heutigen Tag nicht sagen. Aus dem Träumer mit dem «überweichen Wesen» war unter der Wirkung der Verfolgung ein junger Mann geworden, der entschlossen war, sein Leben so teuer wie möglich zu verkaufen.

Zum Glück für die Wachleute und für ihn hatte er diesen Test nicht zu bestehen.

Wertvolle Minuten verstrichen, bis das Wachpersonal mit Hilfe von Taschenlampen und Kerzen den Zweitschlüssel gefunden hatte – Zeit genug für die beiden Ausbrecher, über die Mauern des Jüdischen Friedhofs hinter der Sammelstelle zu flüchten und sich Richtung Hackesche Höfe abzusetzen. Kaum hatten sie die Straße erreicht, wünschten sie einander Glück und trennten sich. Für den kommenden Samstag verabredeten sie sich um 18 Uhr vor dem Haupteingang von Konrads Tempel: der Staatsoper.

Konrad zog das verhasste Abzeichen mit dem Hakenkreuz hervor, das er während der ganzen Haftzeit wie einen Talisman gehütet und versteckt hatte, und heftete es an seinen Jackenkragen.

Berlin brannte wieder einmal lichterloh. Konrad blickte zu den Tieffliegern der britischen Luftwaffe auf. Für ihn bedeuteten sie beides: eine tödliche Gefahr und das einzige, weithin sicht- und hörbare Hoffnungszeichen.

Zwischen Keller und Loge

Auf Umwegen gelangte er zur Wohnung von Tatjana Gsovsky in der Fasanenstraße – jener Choreographin, die er von
den Ballettproben zu «Prinzessin Turandot» kannte. Ohne
viel zu fragen, lud die russische Künstlerin den abgerisse-
nen Korrepetitor in ihre Luxuswohnung ein und bereitete
ihm auf der Stelle einen Trank, der Konrad als das köst-
lichste Getränk der Welt in Erinnerung geblieben ist: eine
heiße Tasse Kaba. Ja, er könne diese Nacht in der Wohnung schlafen, erklärte Frau Gsovsky, allerdings unter
einer Bedingung: Früh um fünf müsse er aus der Wohnung
verschwinden. Unter keinen Umständen dürfe ihr Ehe-
mann – ein deutscher Diplomat – Konrads Anwesenheit
bemerken. Es blieb dem Gast überlassen, darüber zu spe-
kulieren, worauf Tatjana Gsovsky mehr Rücksicht zu nehmen hatte – auf die Ängstlichkeit ihres Gatten, auf seine
Eifersucht oder auf seine politische Überzeugung.

Wenige Tage nach seiner Flucht saß Konrad bereits wieder
auf der Orgelbank. Eben erst dem Abtransport nach
Auschwitz entronnen, erlebte er auf der Empore der St.-
Annen-Kirche eine jener subtilen Grausamkeiten, die in der
Summe das große Verbrechen erst möglich gemacht haben.

Eine ältere Dame aus dem Kirchenvorstand stieg zu ihm auf die Empore und flüsterte ihm ins Ohr: «Gehen Sie bitte. Wir fangen nicht an, ehe Sie gegangen sind.»

«Als ich das hörte», erinnert sich Konrad Latte, «fühlte ich mich so verletzt, so gekränkt und gedemütigt, dass ich drauf und dran war, in die Sammelstelle in der Großen Hamburger Straße zurückzukehren.»

Offenbar hatte sich seine Verhaftung herumgesprochen; das plötzliche Verschwinden eines Musikers in Berlin war ja durchaus kein Sonderfall. Dass einer der Verschwundenen – und längst Abgeschriebenen – an einer Kirchenorgel wieder auftauchte, brachte manche der Zurückgebliebenen in Verlegenheit. Womöglich hatte ihm die Dame aus dem Kirchenvorstand nur sagen wollen, er solle bleiben, wo er gewesen war.

Konrads Vertrauen zu den anderen Deutschen, die ihm geholfen hatten, überwog. Gottfried von Einem nahm ihn mit offenen Armen auf. Ohne lange nachzudenken, gab er Konrad seinen Dienstausweis der Staatsoper. Von Einem war nur fünf Jahre älter als Konrad – was das Alter anging, konnte Konrad durchaus als Fünfundzwanzigjähriger durchgehen. Aber würde er eine Kontrolle mit von Einems Passbild passieren? «Leider sah er mir überhaupt nicht ähnlich, aber dieses Problem schob ich beiseite», bemerkt von Einem in seiner Autobiographie.

Zum ersten Mal seit seiner Kennzeichnung mit dem Judenstern war Konrad in der Lage, sich als «Arier» auszuweisen. Eine Zeit lang ist er als Baron Gottfried von Einem durch Berlin gefahren. «Und das war», erinnert sich Konrad, «bedeutend angenehmer, denn als untergetauchter Jude namens Konrad Bauer unterwegs zu sein.» Zum

Glück für Konrad und seinen großherzigen Gönner kam es nie zu einer polizeilichen Überprüfung von Konrads «blaublütiger» Herkunft.

Einmal allerdings stießen die beiden Doppelgänger unvermutet aufeinander. Als von Einem im Februar 44 anlässlich der «Turandot»-Premiere in Dresden sein Hotel «Bellevue» aufsuchte, musste er feststellen, dass dort bereits ein «von Einem» logierte. Der Baron war entsetzt. Eine Kontrolle, und man hätte sie beide aufgehängt. Auf seine erregten Vorhaltungen, berichtet von Einem, habe Konrad außergewöhnlich gelassen reagiert: Er, Konrad, habe nun einmal unbedingt die Premiere von «Prinzessin Turandot» hören wollen! Schließlich habe er das Stück korrepetiert!

Für so viel Musikbegeisterung, schreibt von Einem, habe er in diesem Augenblick nicht allzu viel übrig gehabt.

Von Einem sorgte dafür, dass Konrad wieder an der Oper Beschäftigung fand – als Statist. In dieser Rolle erlebte Konrad traurig-lächerliche, kaum aushaltbare Situationen. Vor den Augen des Reichsmarschalls Göring trat er als blond gelockter deutscher Jüngling im Chor von Wagners «Meistersingern» auf und musste sich anschließend artig vor dem Nazi-Führer verbeugen. Einmal, als er sich beim Abschminken im Spiegel sah, wich er dem Anblick nicht länger aus. Das Einzige, was an ihm noch echt und nicht wegzuschminken war, waren seine Augen.

Zwischendurch gelang es ihm, in eine andere, sehr viel angenehmere Rolle zu schlüpfen. Er hatte bemerkt, dass die Loge des Stellvertretenden Intendanten in der Regel leer blieb.

Konrad und der Logenschließer kannten sich von einer früheren, für Konrad hoch riskanten Begegnung. Bei einem Opernbesuch im Dezember 1940 hatte Konrad seine Brieftasche bei der Garderobe liegen lassen. Sie enthielt seine sämtlichen «echten» Ausweise mit seiner Adresse, alle waren auf den Namen Konrad Israel Latte ausgestellt und mit dem großen «J» bedruckt. Konrad hatte die Möglichkeiten abgewogen und sich dafür entschieden, sein Glück zu wagen und im Fundbüro der Oper nach der Brieftasche zu fragen. Der Angestellte hörte sich Konrads Beschreibung der verlorenen Brieftasche ruhig an und blickte ihm dabei in die Augen. Dann griff er zielsicher nach dem Fundstück und reichte es Konrad.

«Prüfen Sie bitte nach, ob nichts fehlt!»

Schon beim ersten, flüchtigen Durchsehen wurde Konrad klar, dass die Papiere nicht mehr in der alten Ordnung in der Brieftasche steckten, sie war durchgesehen worden.

«Bitte quittieren Sie», sagte der Angestellte knapp und zeigte auf die Linie auf dem Formular.

Inzwischen war der gute Mensch im Fundbüro Logenschließer geworden. Konrad war es eine Genugtuung, den stillschweigenden Pakt von damals zu verlängern. Für fünf Mark pro Abend, die Konrad an der Orgel leicht verdiente, öffnete ihm der Logenschließer die Tür zur Loge des Stellvertretenden Intendanten.

Von dort aus verfolgte Konrad das gesamte Programm der Spielzeit 1943/44.

Nachts blieb er auf die wechselnden Quartiere angewiesen, die der unermüdliche Harald Poelchau und dessen Mitarbeiterin Gertie Siemsen ihm besorgten. Durch «Tegel» wurde er bekannt mit Willi Kranz, dem Kantinenpächter der Gefängnisse Tegel und Moabit.

Über «Vater» Kranz, notiert Poelchau in seinen Aufzeichnungen, «müsste ein ganzes Buch geschrieben werden. Er sprach wenig und dachte viel nach. Er durchschaute die Menschen und hatte wenig Respekt vor Anstaltsdirektoren und Oberregierungsräten, wenn sie menschlich unzureichend waren.»

Kranz konnte Konrad nicht selber Unterkunft gewähren; er hatte in seinem Warenlager in der Klosterstraße bereits ein zehnjähriges jüdisches Mädchen untergebracht. In dem dunklen und verbauten Lager wuchs das Kind fast ohne Licht und frische Luft auf, aber hatte im Überfluss zu essen. Von Kranz' Lebensgefährtin «Auguste Leißner, einem mütterlichen Menschen», schreibt Poelchau, «wurde das Kind mit der ganzen Kraft ihrer Seele ins Herz geschlossen. Die kleine Anna war dort sicher und wurde in dem kinderlosen Geschäftshaushalt so verwöhnt, dass es pädagogisch schon beinahe bedenklich war.»

Kranz machte Konrad mit dem Hausmeister eines Bankhauses in der Klosterstraße, Oskar Kling, bekannt, der ihm eine Zeit lang im Keller des Gebäudes Unterschlupf gewährte. Später gelang es Konrad, dort eine Anstellung als Luftschutzwart zu finden und ins Hochparterre zu ziehen. Die schlecht bezahlte Nachtarbeit war für Konrad mehr wert als seine Tagesjobs auf dieser oder jener Orgelbank oder auf der Opernbühne – denn eine Schlafstelle gehörte dazu. Es gelang ihm sogar, ein Klavier für die winzige Luftschutzwartwohnung zu organisieren.

Sein größtes Problem war nach wie vor, dass er sich nicht ausweisen konnte. Ein Wehrpass, das wichtigste Dokument, kostete auf dem Schwarzmarkt 5000 Mark, ein Ausweis nicht viel weniger. Konrad verdiente zwar genug, um einen Logenschließer zu bestechen; von den Summen, die ein brauchbarer Ausweis kostete, konnte er nur träumen. Aus dieser Verlegenheit half ihm wieder Gottfried von Einem. Durch einen frechen Coup sorgte er dafür, dass sein «Doppelgänger» Konrad einen Lichtbildausweis der Reichsmusikkammer erhielt, der auf den Namen Konrad Bauer ausgestellt war.

Konrad begleitete ihn zu der Dienststelle in der Ruhrstraße, die für die Ausstellung solcher Ausweise zuständig war. Von Einem kannte den Beamten Dr. Alfred Morgenroth, und er ließ Konrad unten auf der Straße warten. Erst nachträglich erfuhr Konrad von der seltsamen Verkettung böser und glücklicher Zufälle, die der Baron im Amtszimmer von Dr. Morgenroth zu bewältigen hatte.

Von Einem verlangte einen Ausweis für seinen bewährten Mitarbeiter Konrad Bauer, dessen sämtliche Papiere bei einem Bombenangriff verbrannt seien. Er persönlich verbürge sich für ihn. Dr. Morgenroth teilte ihm mit, die gesamte Kartei der Reichsmusikkammer sei bei einem Bombenangriff in Köln zerstört worden. Der freudig überraschte von Einem wollte gerade sein tiefstes Bedauern kundtun, als Dr. Morgenroth sich – nun zum ehrlichen Entsetzen des Barons – daran erinnerte, dass ausgerechnet die Karteikarten mit dem Buchstaben «B» den Brand überstanden hätten. Schon griff er zum Telefon und bat den Kollegen in Köln um eine Bestätigung der Mitgliedschaft eines Konrad Bauer. Der Kollege in Köln konnte den Namen auch nach mehrfachen Nachfragen nicht im Mitgliederverzeichnis finden. Ratlos blickte der Ausweis-Gewaltige von Einem an, der nun den Baron herauskehrte und auf gut Glück loswetterte. Die Schlamperei in Köln sei notorisch, Konrad Bauer sei sein Assistent, er, von Einem, müsse zurück zur Probe in der Oper, der Beamte solle den Ausweis auf der Stelle ausstellen. Ob der Assistent denn wenigstens arisch sei, fragte Dr. Morgenroth leicht verzweifelt. «Wie Sie und ich», beschied ihn von Einem.

«Die beiden Herren», meint Konrad im Rückblick, «müssen einander ziemlich tief in die Augen geschaut haben. Und am Ende schrieb der Beamte den verlangten Ausweis aus.»

Nach dem Krieg hat sich Dr. Morgenroth aus Anlass eines Ermittlungsverfahrens der Alliierten gegen ihn mit der Bitte an Konrad Latte gewandt, ihm als Entlastungszeuge zur Verfügung zu stehen und seine, Dr. Morgenroths, «bewusste Mittäterschaft bei der illegalen Ausstellung Ihres Musikkammerausweises» zu bestätigen.

Konrad schrieb zurück:

«S.g. H. Dr. M.

1) Ich habe Ende 1943 durch Gottfried von Einem einen Ausweis der RMK erhalten.

2) v. E. hat mir auf meine diesbezügliche Frage brieflich versichert, dass Sie davon unterrichtet gewesen seien, dass bei diesem Ausweis, wie er sich ausdrückte, ‹nicht alles in Ordnung› sei, und dass er ihn trotz dieses Hinweises ohne Ihre Hilfe für mich nicht bekommen hätte.

Ich würde Ihnen raten, diesen Brief der Kommission vorzulegen.

Hochachtungsvoll Konrad Latte»

Ob nun «bewusste» oder nachträglich herbeierinnerte «Mittäterschaft» – Konrad hielt ein gültiges, mit Passfoto und Reichsadler versehenes Dokument in der Hand, das auf den Namen «Konrad Bauer» ausgestellt war. Unter der Rubrik für amtliche Eintragungen stand: «Solist, Klavier».

Dennoch wurde ihm mit jedem Tag deutlicher, dass die Gefahr, denunziert zu werden, seit seiner Flucht aus der Großen Hamburger Straße bedrohlich zugenommen hatte. Während einer seiner nächtlichen U-Bahnfahrten entdeckte er, dass er einem der Wachleute aus dem Sammellager gegenübersaß. Das Erkennen war wechselseitig. An der nächsten Haltestelle stieg Konrad aus, der Wachmann folgte ihm. Überzeugt, dass er gleich gestellt und zum nächsten Polizeirevier abgeführt werden würde, hastete er die Treppe hoch. Der andere blieb dicht hinter ihm, packte ihn plötzlich am Arm. «Mensch, pass doch auf!», raunte er Konrad zu und nahm dann den anderen Ausgang.

Die Begegnung in der U-Bahn bestärkte Konrad in der Überzeugung, dass er Berlin verlassen musste. Zu viele Leute kannten ihn, hatten von seiner Flucht gehört – es war nur eine Frage der Zeit, dass er auffliegen würde.

Als Kapellmeister einer Wehrmachtstournee-Truppe unterwegs

Eine Tänzerin aus dem Ballett der Oper hatte Konrad gebeten, sie bei ihrem Auftritt im Führerhauptquartier auf dem Klavier zu begleiten. Konrad hatte sich zum Befremden seines Lehrers Leo Borchard zur Mitwirkung bei diesem Auftritt, der dann nicht zustande kam, bereit erklärt. Wer sich verstellen muss, um zu überleben, hatte Konrad gesagt, kann sich seine Maske nicht aussuchen.

Von dieser Tänzerin erfuhr Konrad, dass ein Kapellmeister für eine Wehrmachtstournee gesucht wurde. Im Herbst 1943 war Joseph Goebbels auf die Idee verfallen, ambulante Künstlergruppen an die zusammenbrechende Front zu schicken, die den Glauben an den «Endsieg» durch Musik und Durchhaltelieder stärken sollten. Konrad bewarb sich um den Posten.

In einem Hotel am Kurfürstendamm stellte er sich dem Intendanten Bodo Bronsky vor. Bronsky war auf der Bühne wie im Leben eine Theaterfigur. Er trug ein Monokel, das er bei Gelegenheit kunstvoll in die Hand fallen ließ, sprach, seine Nasenscheidewand effektvoll als Verstärker nutzend, mit schnarrender Stimme und fand schon am hellen Tag Gelegenheit, dem einen oder anderen scharfen Getränk zuzusprechen. Er forderte Konrad sogleich auf, auf dem verstimmten Klavier, das im Foyer des Hotels stand, eine Probe seines Könnens zu zeigen. Konrad spielte ihm, stark gekürzt, Wagners «Meistersinger» vor. Bronsky trank und hörte zu. Er war von Konrads Kürzungen womöglich noch mehr beeindruckt als von seinem Spiel; dass der junge Mann es schaffte, die endlose Ouvertüre des Lieblingskomponisten der Nazis in ein handliches Format zu bringen, schien den Intendanten zu überzeugen.

Im Übrigen hatte Bronsky gar keine Wahl. Konrad war der einzige Bewerber. Der Intendant engagierte Konrad denn auch auf der Stelle. Das Fehlen seines Wehrpasses erklärte Konrad mit seiner üblichen Geschichte: ausgebombt. Bronsky beruhigte ihn. Als Beauftragter des Reichspropagandaministeriums bürge er persönlich für seine Angestellten. Konrad schloss einen Dienstvertrag mit dem «Hessischen Volkstheater (Wanderbühne)» ab. «Herr Konrad Bauer, Staatsangehörigkeit Deutschland», wurde für das Kunstfach «Pianist und Repetitor» für monatlich 450 Reichsmark eingestellt.

Es blieb ihm nicht viel Zeit, sich für die Reise auszurüsten und von den Berliner Freunden zu verabschieden. Der Schauspieler Hans Söhnker half ihm mit einem schwarzen Anzug aus. In einem Café am Kurfürstendamm traf er sich mit dem Schriftsteller Erich Kästner.

Kästner war bekannt dafür, dass er seine Nachmittage in den Berliner Cafés nach einem festen Stundenplan verbrachte, den er peinlich genau einhielt. Konrad war mit ihm um 16 Uhr im Café Leon am Kurfürstendamm verabredet – im Gebäude der heutigen Schaubühne. Kästner erschien dort pünktlich mit steifem Hut und Regenschirm und setzte sich an Konrads Tisch. Man hatte ihn offenbar über Konrads Lage unterrichtet. Er wusste von Konrads Entschluss, sich als Kapellmeister einer Wehrmachtstournee zu tarnen. Während Konrad ihm von Bronsky erzählte, nahm der Schriftsteller eine Streichholzschachtel in die Hand und holte die Streichhölzer heraus. «Darf ich?», fragte er, legte einen Hundertmarkschein hinein und schob Konrad die Schachtel zu. Morgen möge Konrad in seine, Kästners, Wohnung in der Roscherstraße gehen und sich dort von der Aufwartefrau ein paar von seinen Hemden geben lassen. Bald danach empfahl sich Erich Kästner – der Termin für das nächste Café war herangerückt.

Anfang Juni 1944 traf Konrad in Goslar mit der Wehrmachtsunterhaltungs-Truppe zusammen. Schon in der ersten halben Stunde wurde ihm klar, dass er ein Kapellmeister ohne Kapelle sein würde. Das einzige Instrument, über das die Truppe verfügte, war ein Klavier – und das würde er selber spielen. Das Ensemble bestand aus neun Damen und zwei Herren, von deren Talenten und Repertoire er einstweilen keine Vorstellung hatte – der Chauffeur betreute die Bühnentechnik und Beleuchtung. Peggy Dünkler, mit bürgerlichem Namen Meta Klotsche, war aus dem Operettenfach und hatte die sanften Höhen ihrer Karriere längst hinter sich. Die junge Sopranistin Ellen Brockmann verfügte zwar über eine glockenklare Stimme, war aber – nach dem Urteil ihres späteren Ehemanns Konrad Latte – nicht mit Musikalität gesegnet. Nach Ellens eigener Einschätzung war sie vor allem engagiert worden, weil sie jung und schön war und eine glanzvolle Garderobe mitbrachte.

Ellen stammte aus einer westfälischen Familie jüdischen Ursprungs. Ihr Vater Ferdinand Brockmann war früh an einem Lungenleiden, das er sich im Ersten Weltkrieg zuge-

zogen hatte, verstorben. Den Briefwechsel mit ihrem Ehe-
mann aus den Kriegsjahren hat Ellens Mutter Gerda unter
einem Kunstnamen in den zwanziger Jahren veröffentlicht
und danach eine Reihe von anderen Büchern geschrieben.
Die Tochter Ellen schickte sie auf das Gymnasium Hohen-
baden in Baden-Baden und überredete sie dazu, ihren
Sopran ausbilden zu lassen – studieren freilich durfte die in-
telligente und erfolgreiche Schülerin nicht. Ein Studium für
junge Frauen war in den Augen ihrer Mutter so etwas wie
ein Unternehmen zur Heiratsverhinderung. An Stelle dessen
stattete sie Ellen mit einer erlesenen Garderobe aus – Pariser
Mustermodelle, die sie im Düsseldorfer Atelier Loelgen-
Kriegel nacharbeiten ließ. Ihre Mutter, erzählt Ellen, habe
zielstrebig versucht, sie wie eine junge Dame vor 1914 zu er-
ziehen – sie musste Hut und Handschuhe tragen, was ihre
Mitschüler zu vielen Kommentaren inspirierte.

Den neuen Machthabern gegenüber legte Gerda Brockmann eine Art kultureller Verachtung an den Tag und erzog
ihre Tochter entsprechend. Sie verhinderte – anfangs noch
zur Empörung ihrer Tochter –, dass Ellen dem Bund Deutscher Mädel beitrat. Ihre Mutter wurde deswegen mehrfach
zur Rede gestellt; sie sei Offizierswitwe, entgegnete Frau
Brockmann auf solche Vorhaltungen und konnte sich damit
vor weiteren Zudringlichkeiten schützen. Allerdings konnte
sie nicht verhindern, dass ihre Tochter vom Klassenlehrer
Prof. Röth, einem parteifrommen Mathematiker, immer
wieder ermahnt wurde, ihre Verweigerungshaltung aufzu-
geben. Einmal wurde der blonden und braunäugigen Ellen
sogar der Kopf vermessen; freudig teilte ihr Prof. Röth mit,
dass sie die Traummaße einer «Arierin» besitze. Da Ellen
seine Begeisterung nicht teilte und standhaft blieb, bestrafte
sie der Klassenlehrer mit schlechten Noten. Als er schließ-

lich auf ihrem Jahreszeugnis den Vermerk eintrug: «... steht
außerhalb der Staatsjugend», ging Ellen zum Schuldirektor.
Eine derartige Bemerkung, beschwerte sie sich, gehöre doch
wohl nicht auf ein Zeugnis über ihre schulischen Leistungen.

Sie war selber vom Erfolg ihres Protestes überrascht. Der
Direktor, Dr. Leo Wohleb, widersprach ihr mit keinem
Wort, überlegte kurz, griff dann zu einer Rolle Klebeband
und überklebte damit die politische Denunziation ihres
Klassenlehrers. Erst viel später wurde Ellen das Risiko klar,
das der Pädagoge mit seiner wie selbstverständlich getrof-
fenen Entscheidung eingegangen war. Denn natürlich
musste er voraussehen, dass Ellen, falls jemand sie auf den
verdeckten Vermerk ansprach, sich auf den Schuldirektor
berufen würde – die auf den ersten Blick unscheinbare Geste
hätte Dr. Wohleb durchaus sein Amt und auch die Freiheit
kosten können. Dass sich der Schuldirektor damals auf ihre
Seite stellte, hat die Schülerin Ellen Brockmann tief beeindruckt und sie in der Entschlossenheit bestärkt, dem eigenen
Kopf zu folgen.

Das Programm der Wehrmachtstruppe begann jeweils mit
einer Ansprache des Intendanten Bronsky an das Publikum,
das aus einhundert bis einhundertfünfzig Wehrmachtssol-
daten oder SS-Einheiten bestand. Wenn allerdings, was oft
genug vorkam, der Intendant vor Trunkenheit nicht mehr
reden konnte, musste Konrad in seiner Eigenschaft als Stell-
vertretender Intendant die Ansprache übernehmen: «Ka-
meraden, im Namen des Propagandaministeriums begrüße
ich Sie und versichere Sie unserer Unterstützung ...» Im ersten Teil des Abends wurden Arien aus dem klassischen
Opernrepertoire dargeboten; im zweiten, «heiteren» Teil

überwogen Operettenarien, patriotische Gedichte und Lieder. Entsprechend wechselte die Aufmachung der Sängerinnen; vor der Pause traten sie in Abendgarderobe auf die Bühne; nach der Pause zeigten sie sich in eher lockerer Gewandung. Die blonde Ellen in ihren preisgekrönten Kleidern zog die Blicke des Publikums und den Neid mancher Kollegen auf sich.

Etwa zwei Wochen lang tingelte Konrad mit der Wanderbühne durch Kleinstädte wie Itzehoe, Husum, Rendsburg und Glückstadt. Und während die Alliierten in der Normandie landeten, musste Kapellmeister «Konrad Bauer» Durchhaltelieder wie dieses begleiten:

«Mach dir um mich doch bitte keine Sorgen
Ich bleib dir treu, das weißt du ganz genau
Wie's gestern war, so ist's auch heut' und morgen
Ich bleib bei dir, ich bin doch deine Frau
Und kommst du zurück dann eines schönen Tages
Dann sieht die Welt für mich ganz anders aus
Und ist es jetzt auch schwer für dich, ertrag es,
Mir sagt mein Herz, du kommst bestimmt nach Haus
Und ruhst dich dann in meinen Armen aus.»

Neben einem bescheidenen Entgelt bekamen die Künstler, da sie im Namen des Propagandaministeriums unterwegs waren, gut zu essen und wurden in den besseren Hotels untergebracht.

Anfang Juli jedoch, als Intendant Bronsky den Ort für den nächsten Einsatz nannte, erwog Konrad ernsthaft, die Wehrmachtstruppe über Nacht zu verlassen: Sie sollte auf Helgoland auftreten.

Die «Festung Helgoland» war eine der bestgesicherten

Bastionen des Nazi-Reiches im Norden, der äußerste Vorposten der Wehrmacht gegen England.

Aber wohin sollte er sich wenden? Sich ohne Reisegenehmigung und gültige Papiere nach Berlin durchzuschlagen, war unmöglich. In einer der Kleinstädte, durch die sie tingelten, unterzutauchen – ohne irgendeine Anlaufadresse –, erschien ihm nicht weniger aussichtslos. Es blieb ihm gar nichts anderes übrig, als nach Helgoland mitzufahren.

Im Hamburger Hotel Reichshof, der letzten Station vor der Überfahrt nach Helgoland, kam er mit Ellen ins Gespräch. Seit Beginn seiner Tätigkeit war ihm die junge Sopranistin aufgefallen, und es bedurfte dazu nicht der oft verlangten und von Ellen gesungenen Arie aus Lortzings ‹Waffenschmied›: «Mit Konrad kann ich glücklich werden …». Ellen fühlte sich zu Konrad hingezogen. «Konrad», erzählt die Achtzigjährige unter dem sanften Protest ihres Gemahls, «war damals ein junger Mann, der nach der blauen Blume suchte. Er konnte hinreißend erzählen und einen mit seiner Begeisterung für Musik und Literatur in eine andere Welt entführen.»

Ihr war aufgefallen, dass Konrad als einziges Ensemble-Mitglied über keine Lebensmittelmarken verfügte. Auch bei den Kontrollen der Truppe durch die Militärpolizei konnte er als Einziger kein gültiges Papier vorweisen. Konrad erklärte Ellen diesen Mangel mit einer neuen, sozusagen flirtgerechteren Variante seiner Legende: Er sei in Italien geboren, seine Eltern seien dort verhaftet worden … Zwar konnte Ellen Konrads «Italienisch» nicht testen, aber sie glaubte ihm kein Wort. Um ihm ein Zeichen zu geben, dass er sich ihr gegenüber nicht zu verstellen brauche, gestand sie ihm, sie habe jüdische Vorfahren – zu jenem Zeitpunkt, erklärt Ellen, habe sie keine Ahnung von Konrads Identität gehabt.

Ellens Angebot zur Offenheit führte bei Konrad nur zu erhöhter Wachsamkeit. Plötzlich kam ihm der Gedanke, Ellen könne als Spitzel auf ihn angesetzt sein und ihn unter der Vorgabe eines ähnlichen Schicksals zum Reden verleiten wollen.

Ellen und Konrad hatten es nicht leicht, sich einander mitzuteilen; die mühsam erlernten Überlebensregeln im Untergrund verboten es Konrad, sich seinen Gefühlen für Ellen zu überlassen.

Auch das Wetter spielte nicht mit. Die Überfahrt nach Helgoland verbrachten die beiden bei stürmischem Wetter unter einer Plane im Liegestuhl auf Deck. Der starke Seegang und der Tumult in ihren Mägen gestattete ihnen kaum andere Zeichen ihrer Zuneigung, als Hand in Hand zur Rehling zu stolpern und sich dort gemeinsam zu übergeben. In den kurzen Pausen vor dem nächsten Anfall blickten sie auf die aufgewühlte See und suchten den Horizont nach dem Kriegsschiff ab, das sie nach Helgoland begleiten sollte. Hatte Bodo Bronsky nicht verkündet, die Überfahrt der Truppe werde bis zum Einsatzort durch ein militärisches Begleitboot gesichert? Es konnte sich nur um ein U-Boot handeln.

Auf Helgoland ging es zu wie auf einem Luxusliner. War man einmal ins Innere der Festung gelangt, konnte man sich dort vollkommen sicher fühlen. Ein lebhafter Schmuggel sorgte dafür, dass es auf der Insel alles zu trinken und zu essen gab, was im großen Rest des Reichs entbehrt wurde. Gleich nach seiner Ankunft wurde das Ensemble mit Hummer bewirtet; der in diesem Fach erfahrene Intendant Bronsky unterwies Ellen und Konrad in der Kunst, mit der Hummerschere umzugehen. Während sie mit dem Knacken der roten Panzer beschäftigt waren, trat ein Offizier mit Hitler-Gruß auf ihren Tisch zu. «Gestatten, Undeutsch», stellte er sich Ellen vor, und fuhr dann, Konrad mit seinen Blicken durchbohrend, fort: «Der junge Mann am Tisch sieht doch erstaunlich jüdisch aus!» Ellen brach in herzliches Gelächter aus, Konrad stimmte nach einer Schrecksekunde ein. Was denn wohl vorzuziehen sei, fragte Ellen: Undeutsch auszusehen, oder «Undeutsch» zu heißen. Und wie wäre es mit einem Tausch – Name gegen Aussehen? Herr Undeutsch trollte sich. Was ihr bei dieser Replik zustatten kam, erklärt Ellen, war ihre Unbefangenheit. Denn sie wusste immer noch nicht, wie recht Herr Undeutsch mit seiner Vermutung hatte – und Konrad hütete sich, ein Wort dazu zu sagen.

Als sie nach Hamburg zurückgekehrt waren, veranstalteten Konrad und Ellen im Reichshof ein Festessen, das Ellen im Nachhinein ihre «Verlobungsfeier» nannte. Aus Helgoland hatten sie eine Sardinendose mitgebracht. Sie übergaben den raren Luxusartikel dem Ober des Hotels. Der ließ die Dose öffnen, und servierte sie mit Eis drapiert auf einem silbernen Tablett. Die zwei beigelegten Toastscheiben hatte das Haus spendiert.

Wochen später, in der Till-Eugenspiegel-Stadt Mölln, zwang eine lebensgefährliche Intrige Konrad, sich Ellen zu offenbaren. Ellen erzählte ihm, die Sopranistin und NSDAP-Genossin Peggy Dünkler habe sich in Konrads Abwesenheit mehrmals abfällig über den «Judenjungen Bauer» geäußert, der weder Essensmarken noch Papiere habe. Ihre Sticheleien seien im Ensemble auf keinerlei Widerstand gestoßen.

In einem nächtelangen Rundgang um den Dom von Mölln überlegten die beiden, was zu tun sei. Sie kamen zu dem Schluss, dass es für Konrad nur einen Ausweg gab: den frontalen Angriff.

Am anderen Morgen beschwerte sich Konrad beim Intendanten Bronsky über die «ungeheuerliche Verdächtigung». Bronsky schien sich für die Sache nicht sonderlich zu interessieren. Als Mann vom Theater wisse Konrad doch, dass im Ensemble ständig geklatscht und gehetzt werde, am besten ignoriere man das Ganze. Konrad ließ sich nicht beirren. Er bestehe auf einer Versammlung des Ensembles und auf einer öffentlichen Entschuldigung der Dünkler. Widerwillig rief Bronsky das Ensemble zusammen.

«Das Schlimme war», erklärt Konrad im Rückblick, «dass ich in einer fürchterlichen Verfassung war. Ich wog achtzig Pfund, hatte kaum geschlafen, rauchte Kette, meine Stimme zitterte – ich war nicht im Mindesten in der Stimmung, einen Auftritt hinzulegen.»

Vor dem versammelten Ensemble stellte Konrad die Dünkler zur Rede und forderte sie heraus, vor aller Ohren die Verleumdung zu wiederholen, die sie seit Wochen hinter seinem Rücken äußere.

«Ich höre, Sie behaupten hier, ich sei Jude», sagte er mit hörbarem Zittern in der Stimme, «das ist ungeheuerlich. Man kann mir vieles nachsagen, ich kann auch manches auf mir sitzen lassen, aber nicht, dass ich Jude sei. Ich verlange, dass Sie das auf der Stelle zurücknehmen!»

Die meisten Mitglieder blickten betreten zu Boden, einige schauten mit gespielter Empörung die Dünkler an, die sich sichtlich überrumpelt fühlte. Konrad solle doch seinen Ausweis zeigen, brachte die Sängerin schließlich hervor, auf diese Weise ließen sich die Missverständnisse am besten aus der Welt schaffen.

In diesem Augenblick entschloss sich Konrad, alles zu riskieren. Den Satz, der jetzt in der Not des Reagierens aus ihm herausfuhr, hatte er sich nicht zurechtgelegt.

«Ich bin Ihr Vorgesetzter und werde mich vor Ihnen nicht ausweisen», herrschte er die Denunziantin an. «Aber wir können sofort zur Gestapo gehen und die Sache dort klären. Dort allerdings», fuhr Konrad fort und blickte die Versammelten fest an, «werden Sie Schwierigkeiten bekommen. Natürlich müssen Sie dann auch die Folgen tragen, die diese Verleumdung unweigerlich nach sich ziehen wird!»

Das verwegene Angriffsmanöver funktionierte. Niemand machte Anstalten, dem sichtlich marschbereiten Konrad auf dem Weg zum Gestapo-Quartier in Mölln zu folgen. Bronsky, der den Streit so rasch wie möglich hinter sich bringen wollte, sah die Dünkler auffordernd an. Die versuchte nun, sich herauszureden; man verhandele hier über wilde Gerüchte, sie habe nie expressis verbis behauptet, dass Konrad Jude sei. Das Ensemble widerlegte diese plumpe Lüge auf der Stelle durch Protest und Hohngelächter. Plötzlich fühlten sich alle nicht mehr wohl dabei, dass sie die Hetzereien der Dünkler so lange ertragen hatten. Bronsky wollte es bei einer Verwarnung bewenden lassen und die Versammlung abbrechen, aber Konrad gab sich nicht zufrieden. Er bestand auf einer Entschuldigung vor dem versammelten Ensemble, die die Dünkler schließlich auch aussprach.

Nach diesem Auftritt wurde Konrads Autorität als «Volksgenosse» im Tournee-Theater nie mehr infrage gestellt. Seine Feindin verabschiedete sich von der Truppe eine Woche später wegen «Herzbeschwerden». Das einzige Opfer der Auseinandersetzung war Ellen. Konrad vermochte dem Intendanten nicht die Überzeugung auszureden, dass die Überbringerin der Gerüchte schuld an der Affäre sei. Ellen wurde wegen «unkameradschaftlichen Verhaltens» und «Störung des Betriebsfriedens» fristlos entlassen. Mit einem «Marschbefehl» der zuständigen Wehrmachtsstelle ausgestattet trat sie die Heimreise nach Bad Homburg an. In den folgenden Wochen konnten Ellen und Konrad nur noch brieflich und per Telefon miteinander kommunizieren.

Konrad blieb auf seinem Posten bis zum 1. September 1944. An diesem Tag ließ Goebbels im Namen des «totalen Kriegs», den er im Berliner Sportpalast verkündet hatte, sämtliche Theater schließen.

Damit verlor Konrad die fast perfekte Tarnung, die ihm seine Stellung als Kapellmeister nach dem erfolgreich bestandenen Streit mit Frau Dünkler geboten hatte. Auf einmal fehlte wieder alles: Unterkunft, Lebensmittel, Ausweise, Reisepapiere.

Wieder war es Harald Poelchau, der ihm aus dem fernen Berlin zu Hilfe kam. Am 17. September 1944 schickte er ein Telegramm an Konrad mit folgendem Wortlaut: «Rückkunft am 18. September erforderlich. Staatsoper Berlin. Müller.»

«Es war dies eine jener genial einfachen und wirksamen Hilfeleistungen», merkt Konrad heute an, «die man sich damals öfter gewünscht hätte.»

Das «Telegramm der Staatsoper» verschaffte Konrad – zusammen mit einer «Bescheinigung zur Benutzung der Eisenbahn», die Poelchau wenig später nachschickte – die Möglichkeit, im Zug nach Berlin zu fahren und sich bei Kontrollen durch die Militärpolizei auszuweisen. Monate später ließ Poelchau Konrad noch ein weiteres, mit eigener Hand gefälschtes Dokument nach Bad Homburg zukommen: einen auf den Namen Konrad Bauer ausgestellten Volkssturm-Schein – ein Dokument von höchstem Wert. Bewies es doch im Fall einer Kontrolle, dass Konrad Bauer bereits vom Volkssturm erfasst war.

In den letzten Kriegsmonaten ließen die Nazi-Führer jedes männliche Wesen zwischen 16 und 60 von der Straße holen und schickten es an die Front. Niemand, nicht einmal ein Krüppel oder Kranker, konnte sich den Häschern für dieses letzte Aufgebot entziehen.

Erst später erfuhr Konrad, auf welche Weise Poelchau in den Besitz des Blanko-Formulars gelangt war.

Als Poelchau nach einem Luftangriff zu Aufräumungsarbeiten auf der Straße herangezogen wurde, entdeckte er, dass die Eingangstür und die Fenster einer Meldestelle zertrümmert waren. Geistesgegenwärtig drang der Pfarrer mit seinem Besen in die leeren Amtszimmer ein, griff sich Formulare und Stempel von den Schreibtischen, stopfte sie in seine Taschen und fegte anschließend die Straße weiter.

Einen der gestohlenen Blanko-Scheine hatte er dann auf den Namen «Konrad Bauer» ausgestellt, ihn als «Ortsgruppenleiter Graner» gezeichnet und mit einem Stempel der Ortsgruppe Hohenstaufenplatz versehen, der eigentlich gar nicht auf das Dokument gehörte.

Zur geplanten Reise nach Berlin kam es dann nicht mehr. Konrad entschied sich, zu seiner Geliebten nach Bad Homburg zu fahren.

Gerda Brockmann hatte nichts dagegen, dass ihre Tochter einem Juden Unterschlupf gewährte, ganz im Gegenteil. Kaum hatte sie von Konrads Herkunft erfahren, holte sie aus ihrem Sekretär ein Dokument, das bewies, dass sie selber auch jüdische Vorfahren hatte. Sie war nicht nur eine Nazi-Gegnerin, sondern auch eine Romantikerin, die die Entscheidung ihrer Tochter für einen «Illegalen» akzeptierte und emotional unterstützte. Allerdings hatte sie viel dagegen, dass Ellen mit eben diesem «Illegalen» in ihrem Haus intim wurde. Es half auch nichts, dass Ellen ihrer Mutter und allen Freunden und Bekannten Konrad als ihren Verlobten vorstellte.

Das Haus war mit Flüchtlingen aus dem Osten belegt. Der für Gerda Brockmann und ihre Tochter verbliebene Wohnraum bestand aus drei Zimmern. Konrad und Ellen hatten rechts und links des Wohnzimmers ihre Schlafzimmer. Ellens Mutter stellte sich aber im Wohnzimmer einen Liegestuhl zurecht, um über die Ehre ihrer Tochter zu wachen.

Es kam, wie es kommen musste: Das Paar wurde von Ellens Mutter in flagranti erwischt und der Verstoß gegen die guten Sitten prompt bestraft – allerdings in ganz anderer Weise, als andere deutsche Eltern ihn geahndet hätten. Nicht etwa Konrad, sondern die «ehrvergessene» Ellen flog aus dem mütterlichen Haus – zum zweiten Mal seit dem Beginn der Bekanntschaft war es Ellen, die nach einer Auseinandersetzung um Konrad gehen musste; Konrad durfte bleiben.

Ellen meldete sich beim Roten Kreuz und wurde dort in einem zweiwöchigen Schnellkurs zur Schwester ausgebildet. Die Nächte verbrachte sie in wechselnden Unterkünften bei Freunden. Konrad dagegen genoss den entschlossenen Schutz der Hausherrin. Einmal nahm Gerda

Brockmann ihn zu einer Schwarzschlachtung in Hamm (Westfalen) mit. Sie wurde mit ihrem Schützling verhaftet und aufs Polizeirevier gebracht. In dem Augenblick, als Konrad an der Reihe war, seinen Ausweis vorzuzeigen, kam zufällig der Polizeichef, ein guter Bekannter der Familie, durch die Tür und ordnete mit dem Wort: «Man verhaftet eine Brockmann nicht!», die unverzügliche Freilassung der beiden an.

«Hätte es solche unbegreiflichen Zufälle nicht gegeben», meint Konrad, «könnte ich meine Geschichte nicht erzählen.»

Nach einigen Wochen wurde Ellens Mutter der von ihr verordneten Askese-Übung überdrüssig und öffnete ihrer Tochter wieder die Tür des Hauses.

Auch in Bad Homburg gab es Kirchen und den bekannten Mangel an Organisten. So fand sich Konrad bald wieder auf einer Orgelbank, diesmal in der Erlöserkirche, in der er den Chor und ein kleines Orchester leitete. Dank der auch in Kriegszeiten beständigen Solidarität unter den Freunden klassischer Musik wurde er ein gern gesehener Gast bei den Hausmusikabenden des Barons von W., in dessen Haus man einen ebenso romantischen wie tatenarmen Widerstandsgeist pflegte. Nach den konzertanten Aufführungen saß man beisammen, hörte gemeinsam den englischen Sender und machte seinem Abscheu gegen das Nazi-Regime Luft. Bei einer dieser Gelegenheiten erzählte Konrad von einem Erlebnis mit einem Arzt, dem SS-Offizier Prof. Wilhelm Thomsen, der im Orchester Flöte spielte. «Wissen Sie, Herr Bauer,» habe sein Gastgeber ihm beim Tee anvertraut, «man mag über Juden denken, was man will. Ich kann Ihnen nur sagen: Ich könnte mit so einem Burschen nicht an einem Tisch sitzen. Ich vertrag den Gestank einfach nicht!»

Von W. verbarg nicht seine Betroffenheit über diese Geschichte. Ob es nicht furchtbar sei, fragte er die kleine
Runde. Man wisse doch, dass Tausende überall im Reich
ihr Leben im Widerstand einsetzten! Aber hier, im ver-
schlafenen Bad Homburg, das zu Recht «vor der Höhe»
heiße, habe man keinerlei Verbindung zu diesen Leuten!
Der Satz elektrisierte Konrad und Ellen. Sie hatten gehört, dass von W. in der Wehrmacht den Posten eines Zahl-
meisters bekleidete und in dieser Eigenschaft auch für die
Ausstellung von Wehrpässen zuständig war. Kein Papier
war für Konrad nützlicher und unersetzlicher als ein gülti-
ger Wehrpass.

In einer schlaflosen Nacht wogen die beiden die Risiken
ab. Am nächsten Morgen rief Konrad von W. an und bat ihn
um ein Treffen unter vier Augen. Der empfing ihn am gleichen Tag. Konrad erinnerte ihn an seinen aufrüttelnden Satz
vom Vorabend und gestand ihm, dass er als Jude illegal in
Bad Homburg lebe. Jetzt und hier könne von W. ein starkes
Zeichen seiner inneren Verbundenheit mit dem Widerstand
setzen, indem er Konrad mit einem Wehrpass versehe!

Von W. reagierte auf dieses Ansinnen tief verstört.
Mehrmals setzte er zum Sprechen an, fand aber keine
Worte. Er müsse sich die Sache durch den Kopf gehen lassen, sagte er schließlich, Konrad möge ihn anderntags um
12 Uhr bei seiner Dienststelle abholen.

Eine halbe Stunde vor dem Termin wartete Konrad an der
verabredeten Stelle. Es wurde zwölf, halb eins, eins; Wehr-
machtsangestellte gingen ein und aus; von W. war nicht
darunter. Endlich, gegen halb zwei, trat von W. aus der
Pforte, ersichtlich nicht in der Hoffnung, Konrad jetzt noch
anzutreffen. Er verbarg denn auch nicht seinen Unmut, als
Konrad plötzlich neben ihm war und ihn ansprach. Von W.

beschleunigte seinen Schritt. Eine Weile liefen die beiden Männer nebeneinander her, von W. in so großer Eile, als habe er es darauf abgesehen, Konrad davonzulaufen. Schließlich, als sie fast zu Hause bei von W. angelangt waren, blieb der Baron plötzlich stehen und rang sich eine Formulierung ab, an der er wahrscheinlich die ganze Wegstrecke lang gefeilt hatte. Einen komplizierten und seltsamen Satz, der Konrad in diesem Augenblick als Musterbeispiel für den deutschen Irrealis erschien: «Selbst wenn ich Ihrer Bitte nachkommen wollte – was ich hiermit keineswegs gesagt haben möchte –, ich könnte ihr gar nicht entsprechen, weil ich, technisch gesehen, nicht die geringste Möglichkeit dazu hätte.»

Konrad beeilte sich, von W. sein Verständnis zu versichern; gleichzeitig beschwor er ihn, sein Geheimnis absolut niemandem, auch nicht seiner Frau, zu verraten. Er, Konrad, sei nun in der Hand von W.s, der kleinste Hinweis könne ihn vernichten. Von W. zögerte, schien zu überlegen; die Verzweiflung, mit der Konrad von W.s Verschwiegenheit erbeten hatte, schien ihn zu beeindrucken. Unvermittelt streckte der Baron ihm die Hand hin und versicherte ihn seiner Verschwiegenheit.

In den folgenden Tagen hielten von W. und Konrad Abstand zueinander. Weitere Einladungen zu den Hausmusikabenden blieben aus. Eine Zeit lang umschlichen die beiden Männer einander in tiefstem Misstrauen. «Jeder von uns beiden», erzählt Konrad, «hatte eine fürchterliche Angst vor dem anderen.»

Konrad und Ellen fanden bald heraus, dass von W. nicht nur seine Frau, sondern den ganzen Kreis gewarnt hatte. Allerdings wussten sie nicht, was genau ihr Musikfreund über Konrad erzählt hatte. Dass einige ihrer bisherigen

Freunde plötzlich einen Bogen um sie machten, konnten sie sich nur damit erklären, dass von W. Konrads jüdische Identität preisgegeben hatte.

Erst nach Kriegsende kam es wieder zu einer Begegnung. Er müsse sich bei Konrad entschuldigen, erklärte von W. Als er Konrad seinerzeit auf der Straße getroffen habe, sei er tatsächlich im Begriff gewesen, zur Gestapo zu gehen. Er sei damals zu der Überzeugung gelangt, dass Konrad nur ein Spitzel sein könne. Die Geschichte vom untergetauchten Juden, die Konrad ihm erzählt hatte, sei ihm zu unwahrscheinlich vorgekommen. Einen solchen Fall, so habe er geglaubt, könne es in Deutschland gar nicht geben. In der Meinung, einen Provokateur vor sich zu haben, der geschickt sei, um seine Gesinnung auszuspähen, habe er bei der Gestapo Anzeige erstatten wollen, um sich auf diese Weise zu schützen. Nur der Umstand, dass Konrad ihn damals vor der Haustür mit so großer Dringlichkeit gebeten habe, sein Geheimnis unter keinen Umständen zu verraten, habe ihn plötzlich unsicher gemacht und von dem Weg zur Gestapo abgehalten. Von Stund an allerdings sei er, von W., täglich darauf gefasst gewesen, von der Gestapo abgeholt zu werden.

Erst jetzt erfuhr Konrad auch, dass von W. durchaus Gründe zu seiner Befürchtung hatte. Ein Bruder seiner Frau war als Nazi-Gegner ins Visier der Gestapo geraten und hatte sich eben noch rechtzeitig vor seiner Verhaftung nach Südafrika absetzen können. Seitdem mussten von W.s mit der besonderen Aufmerksamkeit der Geheimen Staatspolizei rechnen.

Erst kurz vor Kriegsende, beim Tee mit dem Bratschisten des Bad Homburger Musikkreises, Prof. Willy Hartner, hat Konrad – unwissentlich – den Verdacht seiner Bad

Homburger Freunde entkräften können. Wie zufällig hatte ihn der Gelehrte, der an der Frankfurter Universität über die Geschichte der Naturwissenschaften dozierte, in seine Wohnung eingeladen und ihm seine Bibliothek gezeigt. Unter den zahllosen Büchern erregten einige ledergebundene Bände des jüdischen Philosophen Rabbi Mose Ben Maimon (Maimonides) Konrads Neugier. «Sie haben hier eine Gesamtausgabe von Rambam!», entfuhr es Konrad, als er einen der Bände zur Hand nahm und darin blätterte. Der Professor zeigte sich von diesem Ausruf stark beeindruckt. Ohne es zu wollen, hatte Konrad einen Test bestanden. Denn nur auf jüdischen Schulen, wusste der Professor, wurde das Werk des bedeutenden jüdischen Gelehrten und Arztes aus dem 12. Jahrhundert gelehrt; nur jüdische Schüler lernten den Autor mit dem komplizierten Namen unter dem handlichen Kürzel «Rambam» kennen.

So war der Schnellkurs in jüdischer Kulturgeschichte, zu dem die Nazis Konrad durch seine Versetzung in die jüdische Schule in Breslau gezwungen hatten, plötzlich zum Guten ausgeschlagen. In der Gegenwelt des Bad Homburger Kreises befreite der Nachweis seiner jüdischen Identität Konrad vom Ruch des Nazi-Spitzels.

Einige der Berliner Freunde hielten die ganze Zeit Verbindung mit ihm. Einer von ihnen war der Kantinenpächter der Gefängnisse Tegel und Plötzensee, Willi Kranz, und dessen Lebensgefährtin Auguste Leißner. Sooft sie konnten, schickten sie ihrem Schützling Päckchen mit Lebensmitteln nach Bad Homburg. Ende des Jahres 1944 schrieb Kranz: «... Das Päckchen wird als Einschreiben nicht angenommen und wir wollen hoffen, dass es ankommt. Es tut uns allen Leid, dass wir Ihnen hier nicht ein friedliches Plätzchen schaffen konnten. Ich lebe im Geiste Ihr Leben täglich mit und fühle mich elendiglich bedrückt, dass in der großen Welt eine kleine Seele keinen Platz finden sollte, ja, dass ich selbst so wenig tun kann. Ja, der Herrgott ‹hilft›, aber nicht so, wie wir es wünschen. Wir werden mittlerweile stumpf, träge im Denken, gefühllos, idiotisch. Wir verkümmern und gehen ein wie eine Primel. Wenn wir alles haben, so wollen wir dermaleinst mit vier Pferden zu Grabe gefahren werden, jedoch jetzt ist uns alles gleich. Ich habe nur eine Bitte, endlich mal aus diesen Zeiten herauszukommen und mit allen, die mir in dieser Zeit lieb geworden sind, beieinander zu sein; wie wollen wir dann in Liebe miteinander leben? Dies ist nicht auszudenken. Lieber Conrad, sei klug wie eine Schlange, erhalte dein Gift. Nun wünsche ich Ihnen alles Gute und werde bald wieder etwas von mir hören und sehen lassen.»

Wenn er gar nicht mehr weiterwisse, hatte Pfarrer Harald Poelchau Konrad auf den Weg gegeben, solle er sich an den katholischen Kaplan Karl Pehl am Frankfurter Dom wenden. Es genüge, Poelchaus Namen zu nennen.

Konrad fuhr nach Frankfurt zum stark beschädigten Dom, dessen Ruine der Kaplan bewachte. Er richtete Grüße von Poelchau aus. Der Kaplan stellte keine Fragen. In Konrads Gegenwart rief er das katholische Krankenhaus in Köppern (nördlich von Bad Homburg) an und verlangte die Oberschwester Klara Trinkner. Mit erstaunlicher Offenheit avisierte der Kaplan einen Patienten namens Bauer, der weder krank sei noch Bauer heiße, und sofort wegen einer schwer diagnostizierbaren Krankheit, die die Oberschwester zu erfinden habe, stationär behandelt werden müsse.

Konrad begab sich auf der Stelle in das genannte Krankenhaus und war von der Wirkung des kurzen Anrufs des Kaplans überwältigt: «Das funktionierte wie in einer jüdischen Gemeinde: Wenn der Rabbi etwas sagt, dann ist das Gesetz und wird gemacht!»

Die Oberschwester zeigte ihm sein Bett, teilte ihm die Krankheit mit, an der er litt – eine äußerst schmerzhafte, aber schwer nachweisbare Krankheit namens «interkostalische Neuralgien» – und verabreichte ihm eine Beruhigungsspritze. Als er wieder aufwachte, hing eine sorgfältig geführte Krankengeschichte an seinem Bett.

Über eine Woche lang wurde Konrad in dem Köpperner Krankenhaus verpflegt und dann entlassen. Auf dem Entlassungsschein unterschrieb ein Dr. Grünbein, dass Konrad Bauer, eingeliefert am 26. 2. 45, «heute als arbeitsfähig entlassen» werde. «Grund der Entlassung. Gesundheitszustand gebessert.»

Der Entlassungsschein war für Konrad mindestens so wichtig wie der Erholungsaufenthalt im Krankenhaus; denn er berechtigte ihn, für die Zeit seiner Rekonvaleszenz Lebensmittelkarten zu beziehen. Auch konnte er zur Not als eine Art Ausweis dienen, der bewies, dass Konrad ein gewöhnlicher Volksgenosse war, der bis vor kurzem in einem deutschen Krankenhaus behandelt worden war.

Am 29. März 1945, dem Karfreitag, wurde Bad Homburg von amerikanischen Truppen eingenommen. Zu denen, die sich vom ersten Tag der Befreiung an auch tatsächlich befreit fühlten, gehörten Konrad und Ellen. Voller Hoffnung hörten sie das Donnern der Geschütze aus dem nahen Frankfurt und warteten ungeduldig, dass sich die Truppen der Befreier endlich nach Bad Homburg weiterbewegten. Aber die schienen sich für das kleine Städtchen nicht zu interessieren. Niemand in Bad Homburg konnte ahnen, dass ausgerechnet dieser Kurort von General Dwight D. Eisenhower zum Hauptquartier ausersehen und aus diesem Grund weder bombardiert noch beschossen worden war.

Vier Tage später sah Konrad am Schloss einen einsamen amerikanischen Panzer stehen. Aus dem Führerhaus schaute ein schwarzer Soldat heraus und warf den Besiegten Zigaretten zu.

Am gleichen Tag sprach Konrad einen der Befreier an, wahrscheinlich einen einfachen Soldaten; er kannte die amerikanischen Rangabzeichen nicht.

«Man muss Sprachen können», erzählt Konrad mit einem ironischen Blitzen in den Augen, «‹Sir›, sagte ich also, ‹my name is Konrad Latte and my wife becomes a baby.› So weit konnte er mir ja folgen. Aber als ich ihm dann erklärte, dass ich Jude bin, war es mit meinem Englisch und mit seinem Verständnis aus.»

Der Soldat brachte Konrad zu seinem Vorgesetzten, einem Captain, der ein Kreuz auf seinem Stahlhelm trug. Mit Hilfe eines Dolmetschers erzählte Konrad seine Geschichte und machte eine ähnliche Erfahrung wie mit v. W.: Niemand glaubte ihm. Und wie bei Prof. Hartner musste er sich einem Test stellen – diesmal freilich nicht beim Tee in einer Bad Homburger Wohnung, sondern an einem Freitagabend bei einem jüdischen Gottesdienst der US-Army. «Eine Täuschung war hier nicht möglich», erklärt Konrad, «entweder hatte man den Ablauf gelernt oder nicht.»

Tatsächlich war ihm die gesamte Liturgie vertraut, die meisten der Gebete konnte er auswendig hersagen – «wie ein Papagei», erklärt Konrad, denn er habe ja in Wahrheit kein Wort davon verstanden, wusste allerdings genau, wann man laut und deutlich «Omen» zu sagen hatte. Diese Kenntnisse hatte er dem Umstand zu verdanken, dass die Breslauer Synagoge für den hungrigen Musikanten nach der Vertreibung aus den Theatern, Opern und Konzerten das letzte Refugium geworden war.

Wahrscheinlich, weil sie ihm etwas Gutes tun wollten, luden ihn die Amerikaner ein, in einem Café für sie zu spielen. Das Honorar bestand aus Lebensmitteln. Unruhig überlegte Konrad, mit welchen Stücken aus seinem Repertoire er ihnen zu Diensten sein könnte. Für Jazz, Blues und amerikanische Schlager hatte er sich nie interessiert. Das Programm aus dem Tournee-Theater – Wagner-Ouvertüren, Lortzing-Arien, Durchhaltelieder – kam nicht infrage. So kramte er denn seine Klavierauszüge von Operettenmelodien zusammen und setzte sich ans Klavier.

«Es war», bekennt Konrad, «die traurigste Vorstellung meiner bisherigen Karriere.»

Die Lieder von Lehar und Hollaender schienen bei den Befreiern keinerlei Wiedererkennungseffekte auszulösen. Das Café war ein Amüsierplatz, keine Bühne. Ständig gingen, während er spielte, Leute ein und aus, schlugen die Türen, sprachen lautstark miteinander; Konrad unterbrach sein Spiel immer wieder und begann von vorn. «Courage», rief einer aus dem Publikum und brachte damit Konrad vollends aus dem Konzept. Die Zuschauer wurden immer unruhiger. «Mondscheinsonate», brüllte ein anderer, vielleicht, um Konrad eine letzte Brücke zu bauen. Dies war ein Stück, in dem Konrad sich zu Hause fühlte, und er spielte es so schmerzlich schön wie nie zuvor.

Er war noch nicht ans Ende des Adagios gelangt, als er gewahr wurde, dass er vor leeren Stühlen spielte.

Bei einem Bummel durch Bad Homburg kamen Konrad und Ellen zufällig am Quartier des amerikanischen Oberbefehlshabers vorbei. Einer Eingebung des Augenblicks folgend, meldeten sie sich beim Offizier vom Dienst und erklärten: «We want to make high time!» – «‹High time› – what is that?», fragte der Diensthabende, brach dann in Lachen aus, als er begriff, dass das junge Paar offenbar heiraten wollte – sie hatten das deutsche Wort «Hoch-zeit» wörtlich übersetzt. Er genehmigte eine Ausnahme vom strikten Versammlungsverbot. Konrad und Ellen durften mit zehn Gästen Hochzeit feiern.

Eine ganze Woche lang waren sie in Bad Homburg mit dem Fahrrad unterwegs, um das Allernötigste für das Festessen zu organisieren. Als Krankenschwester kannte Ellen Leute aus ganz unterschiedlichen Kreisen, und manche wollten sich erkenntlich zeigen. Von einem Bauern bekam sie eine Vierzig-Liter-Flasche Apfelwein, von einem anderen ein Viertel Lamm, für die Blumen sorgte ein Gärtner namens Todeskino, ein Amerikaner schenkte Konrad trotz Mondscheinsonate ein halbes Pfund Kaffee, und im ausgebombten Hotel der Witwe Schnatz konnte man auf einem Kohlenherd etwas kochen.

Im April 1945, einen Tag vor Eva Braun und Adolf Hitler, heirateten Konrad und Ellen unter Konrads echtem Namen Latte. Beim Hochzeitsfest schrieb Professor Hartner in arabischen Buchstaben – in der Schrift «Rambams» – einen Glückwunsch in das Hochzeitsalbum. Konrads erstes Nachkriegskonzert in Bad Homburg allerdings wurde mit dem «Übergangsnamen» Latte-Bauer plakatiert. Bislang kannte man den Dirigenten dort nur unter seinem Decknamen.

Dableiben oder emigrieren?

Konrads Erwartung, die Berliner Philharmoniker oder sonst ein würdiges Orchester werde den Borchard-Schüler nun unverzüglich ans Pult bitten, erfüllte sich nicht. Im Sommer 1945 musste Konrad mit seiner hochschwangeren Frau Bad Homburg verlassen – der spätere Oberbürgermeister der Stadt, Dr. G. Eberlein, war in Frankfurt ausgebombt und hatte Ansprüche auf seine Wohnung in Bad Homburg geltend gemacht. Die beiden zogen nach Hamm in ein Haus von Ellens Mutter. Im Sommer 1945 wurde Konrad ins Hammer Arbeitsamt bestellt. Auf dem Weg dorthin war ein Satz in seinem Kopf, nach Konrads Meinung der einzige Satz, mit dem der Beamte ihn empfangen konnte: Herr Latte, nun endlich! Das Berliner Philharmonische Orchester sucht einen Chefdirigenten!

Stattdessen wies ihm der Vermittler eine Beschäftigung im Bergbau nach. Auf Konrads Einwand, dass er sich für diese Arbeit nicht eigne, versetzte der Beamte, Konrad solle doch froh sein, dass er «nun wieder in die deutsche Volksgemeinschaft aufgenommen» sei.

«Das meinte der gar nicht böse», kommentiert Konrad, «er glaubte wirklich, dass er mich mit dieser Bemerkung trösten könne.»

Weit irritierender waren andere Erfahrungen im Nach-
kriegsdeutschland. Einige Bekannte, die Konrad eben noch
als stramme Nazis erlebt hatte, spielten sich nun als Nazi-
Gegner und Judenretter auf und nannten Konrad als Zeugen. Einer von ihnen war der SS-Offizier und Stabsarzt
Prof. Thomsen, der in Bad Homburg unter Konrads Anlei-
tung die Flöte gespielt hatte. In dem Verfahren des Hessischen Staatsministeriums gegen Thomsen behauptete der
Beklagte, er habe um die wahre Identität Konrads und sein
Schicksal gewusst und ihn vor Verfolgung geschützt. Unge-
rührt gab Konrad dem Gericht bekannt, was Thomsen ihm
beim Tee über den Gestank, der von Juden ausgehe, gesagt
hatte.

Im November 1945 wurde Gabriele geboren. Konrad
stand damit vor der Aufgabe, eine Familie zu ernähren.

Immer öfter dachte das junge Elternpaar daran, es den
Lasker-Schwestern gleich zu tun und Deutschland für immer zu verlassen. Keiner von ihren jüdischen Freunden, die
den Holocaust überlebt hatten, wollte in das Land der
Mörder zurückkehren, geschweige denn dort bleiben. Die
Briefe, die sie von den Davongekommenen erhielten, be-
kundeten immer wieder Unverständnis über ihr Zögern.
«Wir mussten», erinnert sich Konrad, «viele gute Rat-
schläge anhören wie: ‹In so einem Lande bleibt man nicht.›
Und wir sagten uns und ihnen: ‹Gerade hier! Weil wir doch
die Leute kannten, die uns unter Lebensgefahr geholfen
hatten, gerade deswegen bleibt man eben hier!› Aber ganz
überzeugt davon waren wir selber nicht.»

Tatsächlich haben Konrad und Ellen damals ihre Aus-
wanderung ernsthaft erwogen. Einer von den vielen, an die
Konrad sich um Hilfe wandte, war Thomas Mann. Der
Schriftsteller reagierte prompt. In einem Schreiben vom

23. März 1948 an die «Hebrew Sheltering & Immigration Aid Society» in New York schrieb er:

«Dear Sirs,

May I bring to your attention a case which I think is worthy of your support.

The person in question is a young Jew, Konrad Latte, Berlin-Nikolassee, Spanische Allee 93. This young man ... has suffered during the Nazi regime all kinds of persecution, was finally condemned to death and escaped through a miracle, whereas his parents died in Auschwitz. He gives me reliable proofs of his assertions, and his whole letter has impressed me among many others ... It is my belief that such young people as the Lattes, are the most suitable cases for immigration and that after all they went through they should be given particular consideration ...

Hoping to hear from you, I remain

Sincerely yours

Thomas Mann»

Wenig später wurden sie von den amerikanischen Behörden zwecks ihres Antrags auf Einwanderung in die USA vorgeladen. Sie ließen das Verfahren schleifen. «Unsere Gefühle waren gespalten», erklärt Konrad, «wir betrieben die Auswanderung und hofften gleichzeitig, dass sie aus irgendeinem Grund nicht klappen würde.»

1946 fand er eine Stelle als Korrepetitor an der Oper in Düsseldorf; 1947–1949 übte er diesen Beruf an der Berliner Staatsoper aus und war danach als Erster Kapellmeister in verschiedenen Städten der neu gegründeten DDR tätig. Die Familie behielt in dieser Zeit ihren ersten Wohnsitz in Berlin.

Es dauerte Jahre, bis ihm der Status eines Verfolgten des Naziregimes zuerkannt wurde. Sechs Jahre nach Kriegsende, in einem Vorprüfungsbericht vom 6. Oktober 1951 zu Lattes Antrag, kam das Bezirksamt Zehlendorf (Berlin) zu einem Ergebnis, das man für die Erfindung eines schlechten Drehbuchschreibers halten möchte. Der Antragsteller, heißt es dort, sei «seiner Gesinnung (als Regimegegner, Anm. d. Verf.) nicht treu geblieben, da er sich getarnt in den Dienst des damaligen Regimes stellte und an Wehrmachtstourneen teilnahm. Er hat damit gegen § 6 Abs. 6 des Anerkennungsgesetzes verstoßen. Anerkennung kann nicht befürwortet werden.»

Der schwerste Schritt jedoch stand Konrad Latte noch bevor. Sieben Jahre lang hatte er es aufgeschoben, sich über den Tod seiner Eltern Gewissheit zu verschaffen und ihn beurkunden zu lassen. Ihm wurde mitgeteilt, dass für die Ermordeten in Auschwitz-Birkenau keine Sterbeurkunden ausgestellt werden könnten, er müsse seine Eltern amtlich für tot erklären lassen. Nachdem die Urkunde ausgestellt war, schickte ihm das Amtsgericht Cottbus mit einem Schreiben vom 23. Mai 1952 eine Mahnung zu. Konrad wurde in der «Todeserklärungssache Dr. Manfred Latte ... nochmals zur sofortigen Zahlung der Kosten in Höhe von 32.– DM aufgefordert, «andernfalls wird der Betrag zwangsweise beigetrieben».

Trotz solcher und anderer Zumutungen hat Konrad das Ziel, dem er in den Jahren der Verfolgung und der Illegalität treu geblieben war, nie aufgegeben. Ganz auf sich gestellt begann er 1953 in Berlin ein eigenes Orchester zusammenzustellen, aus dem später das «Berliner Barock-Orchester» wurde. Für die ersten Konzerte des neu geschaffenen Orchesters musste er sich nun auch einen Konzertsaal «erfinden»: Es war das Auditorium Maximum der Freien Universität.

Hier hörte ihn, Anfang der sechziger Jahre, auch der Autor dieses Buches, der damals gerade sein Studium in Berlin begann.

«Aber acht Jahre später», fällt Konrad Latte mir ins Wort, «gehörten Sie doch zu denen, die mich aus der FU vertrieben haben?!»

Die 68er-Rebellion ließ Konrad Lattes Barock-Orchester im Audimax der FU keinen Raum. Der Saal war mit Parolen bemalt und nicht mehr bespielbar. Er zog mit seinem Orchester in die Hochschule der Künste um, später in die Philharmonie. Mit seinem Barock-Programm hatte er eine Lücke im Berliner Kulturprogramm entdeckt; vom ersten Tag an waren seine Konzerte ausverkauft.

Zwölf Jahre noch stand Konrad Latte am Pult der Philharmonie und verneigte sich dort, hoch geehrt und von Applaus überschüttet, im Sommer 1997 zum letzten Mal vor seinem Publikum.

Was Konrad und Ellen davon abgehalten hat, aus Deutschland auszuwandern, war die Verbundenheit mit jenen etwa fünfzig «anderen» Deutschen, die ihm über zwei Jahre lang Tag für Tag geholfen haben, den Nazi-Mördern zu entgehen. Harald Poelchau, Konrads erste «Wirtin» Ursula Meißner und seine Frau Ellen sind mit dem israelischen Orden «The Righteous of the People» geehrt worden. Der «Gerechten» in Konrads Geschichte waren nicht viele, aber es waren mehr als drei. Es waren Menschen aus allen gesellschaftlichen Schichten: Schrebergärtner ebenso wie Künstler, Hausmeister und Krankenschwestern ebenso wie prominente Dirigenten und Schriftsteller, Geistliche bzw. christlich geprägte Menschen ebenso wie Atheisten. Keiner von ihnen – mit Ausnahme von Ursula Reuber – hat wegen seiner Hilfeleistung mit Gefängnis oder Tod büßen müssen.

Verglichen mit der Zahl derer, die an dem Verbrechen mitgewirkt haben oder es geschehen ließen, handelt es sich um eine winzige Schar. Aber auch wenn es nur vierzig, dreißig oder zehn gewesen wären – ihre Geschichten verdienen es, von den Nachgeborenen befragt zu werden. Denn am Ende sind es nicht die zu Recht bewunderten todesbereiten Widerstandskämpfer, die darüber entscheiden, ob eine Gesellschaft einer totalitären Verführung erliegt oder widersteht. Der Erfolg einer Diktatur hängt, ebenso wie der Erfolg des Widerstands gegen sie, nicht von irgendwelchen «großen Führern» ab, sondern von den zivilen Tugenden der gewöhnlichen Bürger.

Danksagung

Mein lieber Konradin,
... Sagen Sie sich nicht, dass Sie mir mit leeren Händen kämen. Sie le-
ben. Sie bemühen sich, Leben und Tun wie ein Ganzes zu behandeln, es
ernst zu deuten. Und ist Ihnen etwas gelungen, ist es dann nicht auch
ein wenig für mich geschehen? Was wir Menschen einander Gutes tun
können, ist in Worten sehr wenig, im Stillen Dunklen aber als Ver-
trauen herrliche Kraft ...
Gottfried von Einem, in einem Brief vom 1. Dezember 1944

Einem Unbekannten das eigene Leben zu erzählen ist ein Unternehmen mit ungewissem Ausgang. Das Risiko nimmt erheblich zu, wenn dieser Unbekannte ein Autor ist. Ich danke Konrad Latte für sein Vertrauen und für den Humor, mit dem er das Risiko auf sich nahm. Ich danke seiner Frau Ellen Latte für die Genauigkeit und Geduld, mit der sie meine nicht immer leicht zu ertragenden Fragen beantwortet, Fehl-interpretationen richtig gestellt und meine vielen verschiedenen Versionen einschließlich der letzten korrigiert hat. Ich danke Ellens und Konrads Tochter Gabriele für die vielen Ergänzungen und zusätzlichen Hinweise aus dem Archiv, das sie in jahrelanger Arbeit angelegt hat.

Bibliographische Hinweise nach 1945

Raja Stern wanderte über Wien in die USA und dann nach Mexiko aus. Sie arbeitete als Krankenschwester und starb 1970.

Ernst Kloss – ‹Onkel› Ernst – brachte sich auf der Flucht vor dem Einmarsch der Roten Armee in Breslau um.

Johannes Piersig ging 1958 von Leipzig in den Westen. Er arbeitete als Kantor in einer Hamburger Gemeinde und starb 1998.

Anita Lasker heiratete den Pianisten Peter Wallfisch und wurde Gründungsmitglied des English Chamber Orchestra, das unter Dirigenten wie Karl Richter und Daniel Barenboim zu Weltruhm gelangte. Sie gehört dem Ensemble noch heute an und lebt in London.

Renate Lasker arbeitete als Sekretärin und Sprecherin im deutschen Dienst der BBC, bei dem sie später ein eigenes Programm produzierte. Sie heiratete den Journalisten Klaus Harpprecht. Nach langen Aufenthalten in den USA, teilweise auch in Deutschland, wo sie Fernsehfilme produzierte, Artikel schrieb und einen Roman verfasste, lebt sie seit 1982 mit ihrem Mann in Südfrankreich.

Ruth Krumme wurde in Auschwitz ermordet.

Werner Krumme überlebte Auschwitz und wurde bereits 1964 in Yad Vashem geehrt. Er ging nach München und arbeitete in der bayerischen Verwaltung. 1972 starb der Vorsitzende der Arbeitsgemeinschaft Bayerischer Verfolgtenorganisationen, der u. a. mit dem Bundesverdienstkreuz ausgezeichnet worden war.

Pastor Joachim Konrath zog 1945 in die Bundesrepublik und wirkte als Geistlicher in Münster (Westfalen).

Ursula Teichmann sammelte nach dem Krieg Flüchtlingskinder auf, die ihre Angehörigen verloren hatten, und gab ihnen in dem Gutshaus Pentin, das geplündert worden war, ein neues Zuhause. Kurz vor dem Bau der Mauer kam sie mit zehn kleinen Kindern nach Westberlin. Die Kirche rügte Frau Teichmann, weil sie allein, ohne den Rat kirchlicher oder amtlicher Stellen einzuholen, über das Schicksal der Kinder entschieden habe. Die Obhut über die Kinder wurde ihr entzogen. Danach arbeitete sie als Sozialarbeiterin im Luisenstift, einem Internat für junge Mädchen. Später zog sie zu ihrer Tochter Ulrike in die Bundesrepublik und starb 1970.

Curt und Gertrud Weiss wanderten nach 1945 in die USA aus. Gertrud starb 1991, Curt 1994 in St. Louis (Missouri).

Ursula Meißner spielte nach 1945 unter Fritz Wisten am Theater am Schiffbauerdamm. Sie ist mit Pierre Calogeras, dem ehemaligen griechischen Botschafter in Bonn, verheiratet und lebt in Genf.

Harald Poelchau gründete 1945 mit dem ehemaligen Mitglied des Kreisauer Kreises Eugen Gerstenmaier das Hilfswerk der Evangelischen Kirche Stuttgart und war bis 1946 dessen Generalsekretär. 1946–1948 war er Vortragender Rat für Gefängniswesen der zentralen Justizverwaltung der Sowjetischen Besatzungszone und lehrte an der Juristischen Fakultät der Humboldt-Universität. 1949–1951 war er wieder als Gefängnispfarrer in Berlin-Tegel tätig. 1951–1972 war er Sozialpfarrer der Evangelischen Landeskirche Berlin-Brandenburg. 1972, kurz vor seinem Tod im April desselben Jahres, wurde ihm von Yad Vashem die Medaille «Für die Gerechten der Völker» verliehen und die Ehre zuteil, einen Baum zu pflanzen. 1977 wurde in Berlin-Charlottenburg eine Schule nach ihm benannt. Ellen Lattes Bemühungen um ein Ehrengrab für Harald Poelchau hatten 1980 Erfolg: Poelchaus Ruhestätte auf dem Friedhof Zehlendorf wurde zum Ehrengrab erklärt. 1992 wurde die Karl-Maron-Straße in Berlin-Marzahn in Poelchaustraße umbenannt, entsprechend der S-Bahnhof Karl-Maron-Straße in S-Bahnhof Poelchaustraße.

Dorothee Poelchau starb 1976 an Leukämie. Im Krankenhaus bestand sie darauf, dass die Infusionen so lange fortgesetzt wurden, bis sie alle ihre Freunde noch einmal einzeln gesehen hatte.

Gertie Siemsen arbeitete 1946 als Strafvollzugsreferentin beim Generalstaatsanwalt des Berliner Kammergerichts und leitete ab 1953 die Berliner Frauenhaftanstalt Tiergarten; sie verfasste zahlreiche Schriften zur Reform des Strafvollzuges. Nach ihrer Pensionierung betrieb sie bis zu ihrem Tode im Jahre 1988 Sprachstudien und engagierte sich für die Gefangenenhilfsorganisation Amnesty International.

Edwin Fischer setzte seine Laufbahn als weltweit gefeierter Pianist, Dirigent und Pädagoge nach dem Kriege fort. Unter anderem waren Alfred Brendel und Daniel Barenboim seine Schüler. Er starb 1960 in Zürich.

Gottfried von Einem ließ sich nach dem Krieg in Salzburg nieder und nahm neben seiner nie unterbrochenen Arbeit als Komponist eine Beratertätigkeit für die Salzburger Festspiele an. Die Uraufführungen seiner Opern und Konzerte wurden von Dirigenten wie Ferenc Fricsay, Herbert von Karajan und Christoph von Dohnanyi geleitet. Nach dem Tod seiner Frau lehrte er von 1963 bis 1972 an der Wiener Musikhochschule. Er starb 1996 in der Ramsau (Österreich), wo er zuletzt wohnte.

Tatjana Gsovsky wurde nach 1945 als Tänzerin und Ballettmeisterin an die Berliner Staatsoper verpflichtet. Später gründete sie ihre eigene Schule, aus der namhafte Tänzerinnen und Tänzer hervorgingen. Sie starb 1993 in Berlin.

Ruth Andreas-Friedrich gab in Berlin die Zeitschrift *Lilith* heraus und zog 1950 nach München. Dort schrieb sie Bücher, insbesondere über Berlin, wie sie es nach 1945 erlebte. Daneben verfasste sie zahlreiche Artikel für Zeitungen und Zeitschriften. 1977 nahm sie sich das Leben.

Karin Friedrich war nach 1945 Schauspielerin am Hebbeltheater unter Karl Heinz Martin, zog 1950 nach München und arbeitete als Redakteurin bei der *Süddeutschen Zeitung*. Heute engagiert sie sich für die Stiftung Weiße Rose und für den Helferkreis ‹Miteinander leben – Pro Asyl›.

Anne-Lise Harich zog 1954 nach Ostberlin und wurde Redakteurin bei der Zeitschrift *Theater der Zeit*. Sie starb 1975.

Ludwig Lichtwitz übernahm nach 1945 wieder die Druckerei Max Lichtwitz und leitete sie bis zu seinem Tod 1961.

Willi Kranz betrieb nach dem Krieg ein Schrottlager unter den S-Bahn-Bögen und starb 1968.

Auguste Leißner ist etwas später, ebenfalls in Berlin, gestorben.

Oskar Kling wurde am 30. April 1945, auf dem Weg zu Willi Kranz, vom Splitter eines Artilleriegeschosses tödlich getroffen.

Erich Kästner wurde 1951 PEN-Präsident und erhielt viele Literaturpreise. Er starb 1974 in München.

Ellen Latte erlernte auf dem zweiten Bildungsweg Rechnungswesen. Von 1960 bis 1997 leitete sie das Orchesterbüro des Berliner Barock-Orchesters. Daneben betreute sie Zeugen, die in Berliner Nazi-Prozessen aussagten. Sie war Geschäftsführerin der Straffälligen- und Bewährungshilfe und Bezirksverordnete in Zehlendorf, Schwerpunkt Sinti und Roma. 1980 erhielt Ellen Latte die Ehrenurkunde und Medaille «Für die Gerechten der Völker» und pflanzte eine Baum in Yad Vashem.

Prof. Dr. Willy Hartner gründete in Frankfurt bereits 1943 – gegen den Widerstand des Gauleiters, bedingt durch Hartners politische Einstellung, aber mit tatkräftiger Unterstützung des Bürgermeisters – das Institut für Geschichte der Naturwissenschaften, das heute zum Fachbereich Physik der Johann Wolfgang Goethe-Universität Frankfurt gehört.

Karl Pehl ist Ruhestandsgeistlicher im Oratorium des hl. Philipp Neri in Frankfurt am Main.

Gabriele Latte öffnete im Alter von fünfzig Jahren zum ersten Mal die Kommode mit den Papieren ihres Vaters, um Unterlagen für die Dokumentation in der Gedenkstätte des Deutschen Widerstands zu sichten, wozu sich die Eltern nicht imstande sahen. Sie hat die Zeugnisse zweier Jahrzehnte chronologisch geordnet und archiviert und erst bei dieser Arbeit begriffen, was ihrer Familie widerfahren war.

Anmerkungen

Seite 8   Peter Schneider, «The Good Germans», in *The New York Times Magazine*, 13. 2. 2000; ein Artikel zum gleichen Thema erschien im *Spiegel* Nr. 42/2000

Seite 10 Inge Deutschkron, *Sie blieben im Schatten*, Berlin 1996

Seite 11 Inge Deutschkron/Wolfgang Kolneder (Hg.), *Daffke ...! Die vier Leben der Inge Deutschkron*, Berlin 1994, S. 64

Seite 11 Wolfgang Benz (Hg.), *Die Juden in Deutschland 1933–1945*, München 1988, S. 666

Seite 12 Nathan Stoltzfus, *Widerstand des Herzens. Der Aufstand der Berliner Frauen in der Rosenstraße – 1943*, München 1999

Seite 13 Hellmuth Karasek, *Billy Wilder. Eine Nahaufnahme*, Hamburg 1992, S. 314

Seite 15 Ursula von Kardorff, *Berliner Aufzeichnungen 1942 bis 1945*, München 1997, S. 72

Seite 20 Karin Friedrich, *Zeitfunken*, München 2000.

Seite 44 Anita Lasker-Wallfisch, *Ihr sollt die Wahrheit erben*, Bonn 1997, S. 52

Seite 45 Anita Lasker-Wallfisch, a. a. O., S. 54 und S. 53

Seite 46 Anita Lasker-Wallfisch, a. a. O., S. 60

Seite 46 ebd.

Seite 49 Anita Lasker-Wallfisch, a. a. O., S. 61

Seite 54 Anita Lasker-Wallfisch, a. a. O., S. 76

Seite 55 Anita Lasker-Wallfisch, a. a. O., S. 63

Seite 75 zitiert nach Eva Fogelman: «*Wir waren keine Helden*», Frankfurt/Main, New York 1995, S. 24

Seite 88 Ruth Andreas-Friedrich, *Der Schattenmann*, Frankfurt/Main 1986, S. 131

Seite 91 Gerti Graff et al. (Hg.), *Unterwegs zur mündigen Gemeinde*, Stuttgart 1982, S. 90, 85 und 94

Seite 94 zitiert nach Friedrich Saathen, *Einem-Chronik*, Köln 1982, S. 109

Seite 99 Matthias Sträßner, *Der Dirigent Leo Borchard*, Berlin 1999, S. 234

Seite 99 Ruth Andreas-Friedrich, a. a. O., S. 290

Seite 116 Gottfried von Einem, *Ich hab' unendlich viel erlebt*, Wien 1995, S. 101

Bibliographie

[1] Andreas-Friedrich, Ruth, *Der Schattenmann*. Tagebuchaufzeichnungen 1938–1945, mit einem Nachwort von Jörg Drews, Frankfurt/Main 1986

[2] Benz, Wolfgang (Hg.), *Die Juden in Deutschland 1933–1945. Leben unter nationalsozialistischer Herrschaft*, München 1988

[3] Deutschkron, Inge, *Sie blieben im Schatten. Ein Denkmal für «stille Helden»*, Berlin 1996

[4] Deutschkron, Inge/Kolneder, Wolfgang (Hg.), *Daffke ...! Die vier Leben der Inge Deutschkron. 70 Jahre erlebte Politik*, Berlin 1994

[5] Einem, Gottfried von, *Ich hab' unendlich viel erlebt*, aufgezeichnet von Manfred A. Schmid, Wien 1995

[6] Fogelman, Eva, *«Wir waren keine Helden». Lebensretter im Angesicht des Holocaust. Motive, Geschichten, Hintergründe*, Frankfurt/Main, New York 1995

[7] Friedrich, Karin *Zeitfunken*. Biographie einer Familie, München 2000

[8] Graff, Gerti, et al. (Hg.), *Unterwegs zur mündigen Gemeinde. Die evangelische Kirche im Nationalsozialismus am Beispiel der Gemeinde Dahlem*. Bilder und Texte einer Ausstellung im Friedenszentrum Martin-Niemöller-Haus, mit einem Vorwort von Kurt Scharf, Stuttgart 1982

[9] Karasek, Hellmuth, *Billy Wilder. Eine Nahaufnahme*, 2. Auflage, Hamburg 1992

[10] Kardorff, Ursula von, *Berliner Aufzeichnungen 1942 bis 1945*, unter Verwendung der Original-Tagebücher neu herausgegeben und kommentiert von Peter Hartl, 2. Auflage, München 1997

[11] Lasker-Wallfisch, Anita, *Ihr sollt die Wahrheit erben*, Bonn 1997

[12] Saathen, Friedrich, *Einem-Chronik*, Köln 1982

[13] Sträßner, Matthias, *Der Dirigent Leo Borchard. Eine unvollendete Karriere*, Berlin 1999